MARC AURÈLE

PENSÉES POUR MOI-MÊME

MARC AURÈLE

PENSÉES POUR MOI-MÊME

*Traduction
de A.-I. Trannoy*

*Introduction
de Aimé Puech*

*Cette édition a été revue et complétée
par M. A. Jagut.*

*Illustrations
de Scott Pennor's*

Les Belles Lettres
2019

Première édition © 2015
© 2019, Société d'édition Les Belles Lettres
95 bd Raspail 75006 Paris.
www.lesbelleslettres.com

ISBN : 978-2-251-44552-6

INTRODUCTION

I

Une enfance pieuse, studieuse, où déjà, comme un mot d'Hadrien en témoigne, se révèle le trait spécifique du caractère, l'entière sincérité ; une jeunesse chaste, de bonne heure associée aux responsabilités du gouvernement, sans que les soucis et les charges portent aucune atteinte à la spontanéité ou à l'intensité de la vie intérieure ; l'âge mûr et la vieillesse voués sans réserve au service de l'État et aux intérêts de l'humanité, en un temps où les difficultés furent rudes et qui connut même des dangers graves ; enfin, laissé après soi et parvenu jusqu'à nous, un petit livre, quelques feuillets, mais si pleins, où survit et transparaît une âme aussi haute que pure, tel fut le destin de Marc Aurèle, destin privilégié, auquel semblent avoir également collaboré – comme pour justifier les dogmes de l'école à laquelle l'empereur philosophe a adhéré si fermement – la raison souveraine qui distribue son lot à chacun et la volonté éclairée de l'homme à qui ce lot était échu.

Il est né le 26 avril 121, d'Annius Verus et de Domitia Lucilla, dans la maison que sa famille, venue originairement d'Espagne, habitait sur le mont Caelius. Son père mourut quelques années après. Il fut élevé par son grand-père, et, dans le premier livre des *Pensées*, il a rendu un hommage touchant à tous ceux qui, de près ou de loin, ont contribué à son éducation. Fait chevalier à six ans, admis dans le collège des Saliens à huit, il apparut bientôt comme appelé à la plus haute fortune. Il avait quinze ans quand il fut fiancé à la fille de L. Ceionius Commodus qu'Hadrien venait d'adopter ; il ne devait d'ailleurs pas l'épouser. Après la mort du *César* L. Aelius Verus, survenue le 1ᵉʳ janvier 138, Hadrien adopta Antonin (25 février de la même année), sous la condition que celui-ci adopterait à son tour Marc et le jeune fils du *César* défunt. Hadrien mourut le 10 juillet. Dès lors, M. Aelius Aurelius Verus (c'est le nom qu'il porta jusqu'à la mort d'Antonin), se vit chaque jour plus étroitement associé au pouvoir suprême. Questeur en 138-139, consul en 140, il épousa, en 145, au lieu de la fiancée à laquelle Hadrien l'avait primitivement destiné, la propre fille d'Antonin, Faustine. À la fin de 146, il partagea avec Antonin la puissance tribunitienne et proconsulaire ; à la mort d'Antonin, il lui succéda (7 mars 161), et gouverna en commun avec le *César* L. Verus jusqu'au commencement de 169 ; Verus mort, il s'associa son fils Commode en 177, et mourut lui-même, probablement de la peste, le 17 mars 180.

Dans ces trois périodes, Marc Aurèle, presque sans interruption, se trouva aux prises avec les plus graves complications, intérieures ou extérieures. Il était préparé à y faire face par sa forte culture intellectuelle et morale ; il l'était moins par l'expérience, quoiqu'il eût partagé le pouvoir avec Antonin ; car, sous le règne de celui-ci, l'Empire jouit généralement de la paix et de la prospérité. Mais à peine fut-il devenu le chef suprême que la guerre éclata en Orient, par l'invasion des Parthes en Arménie, tandis que la Germanie donnait les premiers signes d'une agitation menaçante. La guerre d'Arménie, avec ses suites, dura jusqu'en 166. À peine Marc Aurèle et L. Verus avaient-ils célébré leur triomphe, après son heureuse conclusion, que s'ouvrit décidément l'ère du grand conflit avec les Germains. L'invasion de la Rétie, du Norique et de la Pannonie, l'arrivée des Barbares jusque devant Aquilée en donnent le signal. Cependant la peste, venue d'Orient, ravage l'Italie. Marc Aurèle doit, dans une longue série de dures campagnes, venir à bout des

Marcomans, des Quades, des Sarmates, des Iazyges. À part de rares et courtes visites à Rome, son existence se passe dans les camps de la région danubienne.

En 175, pendant qu'il se préparait à organiser deux nouvelles provinces de *Marcomanie* et de *Sarmatie*, le légat de Syrie, Avidius Cassius, grand ambitieux, habile général, homme dur jusqu'à la cruauté, tente une révolte qui, heureusement, avorte presque instantanément. Un peu de répit est alors accordé à l'empereur, et en 175-176, il visite d'abord l'Orient, où il perd Faustine, ensuite la Grèce. Mais bientôt, à l'intérieur comme à l'extérieur, les soucis recommencent : progrès de la propagande chrétienne, cruellement réprimée en 177, par les exécutions de Lyon ; nouveaux soulèvements en Germanie. Marc dut reprendre le chemin du Danube ; il était en Pannonie, à Sirmium, sur les bords de la Save, quand il mourut, après sept jours de maladie.

Pendant ces dix-neuf années de règne, ni l'intelligence, ni la volonté de l'empereur n'ont faibli. Insensible aux séductions de la gloire, il n'a jamais fermé l'oreille aux appels du devoir. Il a rempli avec énergie son rôle de chef, avec compétence sa fonction de général. En même temps il a continué, par des mesures législatives, sages et généreuses, l'œuvre excellente de ses prédécesseurs dans l'administration de l'Empire. Si son attitude même de philosophe, et parfois de prêtre couronné, lui a valu certaines critiques, dont l'écho se retrouve dans quelques pages des *Pensées*, il semble que son gouvernement n'ait inspiré à la plus grande partie de ses sujets que la reconnaissance et un profond attachement. Si Avidius Cassius a essayé d'exploiter contre lui certaines faiblesses ou certaines apparences, ce fut sans aucun succès. On lui a reproché son indulgence pour Faustine ; outre que nous ignorons si cette mère de treize enfants n'a pas été calomniée, la seule chose qui importe est qu'il ne semble pas que cette indulgence l'ait exposé à manquer à aucun de ses devoirs envers l'État. On lui a reproché la même débonnaireté à l'égard de L. Verus, ce *César* qui valait assurément beaucoup moins que lui ; mais comment, avec ses sentiments de gratitude pour Hadrien et Antonin, aurait-il pu l'écarter brutalement de l'Empire sans croire manquer à ce qu'il leur devait ? Enfin on lui a reproché son fils Commode : plaignons-le de n'avoir pas pu transmettre son pouvoir à un plus digne ; mais nous serions peut-être sévères en le condamnant pour n'avoir pas suivi l'exemple de Trajan, d'Hadrien, et d'Antonin, et maintenu le principe de l'adoption comme règle de succession à l'Empire ; ses prédécesseurs n'avaient pas, quand ils moururent, de descendant direct pour les remplacer.

II

Élevé par les meilleurs maîtres, le jeune Marc fut pour eux le meilleur des disciples, à la fois docile et capable de développer ce qu'il recevait. La première des influences principales qu'il subit fut celle du célèbre orateur Fronton, médiocre écrivain, esprit de second ordre, mais grand honnête homme. Rhéteurs et philosophes se disputaient âprement la direction des esprits ; Fronton ne pouvait que faire effort obstinément pour attacher d'un lien définitif son élève à la rhétorique, et combattre l'entraînement qu'il sentait en lui vers la philosophie. Après une courte lutte, Marc se dégagea, en 146, à l'âge de vingt-cinq ans. Dans son for intime, il avait toujours été acquis à la philosophie, et de bonne heure il avait aimé le stoïcisme, qui avait alors la vogue, et vers lequel l'esprit de son temps et du milieu où il vivait aurait suffi pour le porter, à défaut d'une préférence réfléchie. Sans exclure les enseignements du platonisme, dont beaucoup avaient passé d'ailleurs dans la doctrine du Portique, ni ceux même du péripatétisme, il écouta surtout les leçons de deux des plus célèbres stoïciens du moment,

Rusticus et Apollonius ; le jour où Rusticus lui fit connaître Épictète fut un de ceux qu'il marqua d'un caillou blanc.

De bonne heure aussi, il avait pris l'habitude de la méditation. La pratique de l'examen de conscience était une tradition ancienne, que le stoïcisme avait acceptée du pythagorisme. Elle fut sans doute toujours familière à Marc Aurèle, mais sans doute aussi lui devint-elle plus précieuse à mesure qu'il avança en âge et que les responsabilités, qu'il avait d'abord partagées, pesèrent de plus en plus sur lui. Tant qu'Antonin vécut, il put en trouver un équivalent dans la confidence. Antonin était un guide sûr, plein d'expérience et de bonté, et leur intimité fut telle que, s'il faut en croire Capitolin, Marc, en vingt-trois ans, ne passa pas plus de deux nuits séparé de lui.

Rarement on a vu dans l'Histoire une collaboration aussi efficace, avec une égale passion du bien public. Mais Antonin une fois mort, Marc Aurèle ne retrouva, ni dans L. Verus, caractère médiocre, ni surtout dans Commode, nature brutale, sans intelligence ni conscience, l'âme bienveillante en laquelle il pût placer en sécurité sa confiance. Dans cette solitude morale où sa magnanimité et son rang l'exilaient, il éprouva avec une force irrésistible le besoin de s'interroger, de faire chaque jour le bilan de ses bonnes actions et de ses fautes, de se fortifier en reprenant contact avec les axiomes où se concentre la substance de la doctrine stoïcienne, avec ces dogmes « qui vivent », ainsi qu'il l'a dit peut-être dans une formule frappante. Plus il observa cette coutume, et plus il en reconnut le bienfait. Il se convainquit qu'il n'y puisait pas seulement la constance indispensable pour lutter contre la fatigue et le découragement d'une vie si dure, mais qu'elle devenait l'occasion de nouveaux progrès. N'a-t-il pas dit, à un autre de ces instants où une sorte d'éclair passait dans sa profonde conscience : « Fouille au-dedans de toi, c'est au-dedans qu'est la source du bien, et elle peut jaillir sans cesse, si tu fouilles toujours » (VII, 59) ?

Ainsi naquit le livre des *Pensées*, dont les pages les plus émouvantes sont contemporaines des années où Marc Aurèle fut accablé par les tâches les plus lourdes. Toutes portent la marque d'un âge déjà mûr, si ce n'est de la vieillesse approchante ou commençante ; la pensée de la mort y est partout présente. Un livre tout entier a été écrit sur les bords du Gran, avant la mort de Faustine (livre I), donc entre 166 et 176 ; un autre à Carnonte, c'est-à-dire entre 170 et 174 (livre II) ; un autre (le VIIIᵉ) est antérieur à la mort de Verus (169). Il n'est pas tout à fait sûr que la division en livres remonte jusqu'à l'auteur. L'ensemble a été rédigé au jour le jour, sous l'impression directe des événements ou de simples incidents. L'empereur profite d'une heure, ou de quelques minutes de loisir, le plus souvent sans doute le matin, ou tout au contraire à la fin de l'une de ses rudes journées, pour s'enfermer, loin des fâcheux, en soliloque avec lui-même ; il médite, et finalement il écrit. C'est souvent une courte remarque, où se résument les réflexions ruminées pendant le jour, ou pendant l'insomnie ; c'est parfois une page développée, raisonnement ou analyse ; il arrive même que ce soient seulement quelques lignes d'autrui, notées au cours d'une lecture ou revenues à la mémoire soudainement, une phrase de Platon ou un vers d'Euripide dont quelque expérience récente a révélé ou confirmé le sens profond. Tantôt il n'y a aucune suite d'un alinéa à l'autre ; tantôt certains groupes offrent quelque unité, soit qu'ils aient été écrits tout d'une traite, soit que l'empereur, bien qu'il s'y soit repris à plusieurs fois, ait gardé plus ou moins longtemps le même état d'esprit, la même préoccupation dominante. Quelles que soient ces différences de forme, au total assez légères, rien n'est inspiré par la moindre vanité d'auteur, ni même par une pure curiosité psychologique. Le souci pratique, l'intention d'entretenir, ou de raviver ou d'intensifier, l'énergie morale, « la flamme de la lampe » (XII, 15), règne partout sans compétition.

III

Quelle est la doctrine à laquelle Marc Aurèle va demander ces secours toujours renouvelés ? C'est le stoïcisme, auquel il a donné, dès qu'il a voulu en choisir une, son adhésion pleine et définitive. On a paru insinuer parfois, et pour lui en faire gloire, qu'il n'était qu'un demi-stoïcien. Rien ne saurait être plus faux. Un moraliste délicat, comme Martha n'a pas tout à fait tort, il est vrai, de dire que parfois Marc Aurèle paraît s'approcher de ce christianisme qu'il a dédaigné et proscrit ; mais les « dispositions chrétiennes » que Martha reconnaît en lui partent de principes tout autres que ceux de Jésus, et l'accent avec lequel elles s'expriment n'est pas le véritable accent chrétien. Un observateur d'une pénétration aiguë comme Renan ne se fait pas ou ne nous fait pas entièrement illusion quand il appelle la religion de Marc Aurèle « la religion absolue », celle qui résulte du simple fait d'une haute conscience morale placée en face de l'univers ; car toutes les grandes doctrines, et toutes les grandes âmes qui en vivent, arrivent à se toucher ou à voisiner par leurs cimes ; mais les pensées les plus hautes et en apparence les plus nues d'un Marc Aurèle tiennent au tréfonds du stoïcisme et, aux yeux du connaisseur, portent de quelque façon le « petit manteau ». Marc Aurèle a trouvé une fois pour toutes dans les maximes du Portique la règle de sa conduite et l'aliment de son énergie. Jamais il n'a pensé qu'il eût besoin de le contredire ou de le « dépasser » ; il n'a pas eu à écarter la menace d'un conflit, et ne s'est jamais laissé entraîner à une évasion plus ou moins consciente. Ce qu'il faut reconnaître, c'est que le stoïcisme qu'il professe est celui de l'époque antonine, c'est-à-dire un stoïcisme éclectique en quelque mesure, quoiqu'il le soit moins que celui de l'époque de Cicéron ; c'est ensuite que lui-même donne à l'expression de ce stoïcisme certaines nuances qui viennent des qualités propres de son âme.

La base de la morale pratique des stoïciens est la distinction entre les choses qui dépendent de nous et celles qui ne dépendent pas de nous. Toute la prédication d'Épictète en dérive, et Marc Aurèle, à son exemple, revient sans cesse à cette théorie fondamentale. Lorsque l'homme a appris à faire sûrement cette discrimination nécessaire, il a écarté toutes les causes de nos maux. Il sait que, les choses extérieures n'étant pas en notre pouvoir, nous devons les supporter sans murmure ; il est plus noble et plus utile à la fois d'accepter son sort que de lutter vainement contre lui et de le maudire puérilement. Mais l'homme prend sa revanche quand, s'étant arraché à ce monde où il ne peut rien, il rentre et se tient en ce réduit intérieur où il est maître, sans que nul, par aucun moyen ni dans aucune circonstance, soit capable de l'y forcer. En se replaçant sans cesse en présence de cette pensée, Marc Aurèle n'est pas un bon élève ; on craint même parfois qu'il ne soit un de ces élèves trop dociles et qui exagèrent. Il met une conscience scrupuleuse et un acharnement infatigable à ruiner les illusions qui nous enchaînent à de prétendus biens sans valeur réelle. Avec une acuité entêtée, sans cesse il recommence ces analyses implacables, désolantes à la longue, grâce auxquelles il dissout en leurs éléments tous les plaisirs, grossiers ou raffinés ; sans cesse, il reprend ce sophisme – car c'en est un – qu'aucun de ces éléments n'étant de nature à nous inspirer de l'attrait, quand il est isolé, nous n'avons aucune raison d'être plus sensibles à l'impression qu'ils produisent, quand ils sont combinés. Si on n'était pas sûr de le retrouver toujours prêt, par sentiment du devoir, à retourner à l'action, dès qu'elle est nécessaire, on se dirait qu'il a trop bien réussi dans sa gymnastique ascétique, et qu'il a couru le risque, en détruisant avec une impassibilité féroce tout ce qui donne du prix à la vie, d'anéantir en lui les puissances actives. Si on ne savait que, tout comme Épictète, en prêchant le détachement absolu, il a gardé la plus vive affection pour les siens et pour ses amis, on s'effraierait de ce dessèchement exaspéré auquel il travaille. Montrer ici trop de surprise ou trop de sévérité serait cependant oublier aussi et les effets du rang suprême que Marc Aurèle occupait et les précautions que cette condition privilégiée recommandait ou rendait nécessaires.

La distinction entre les choses qui dépendent de nous et celles qui en sont indépendantes crée, en se réalisant, deux classes d'hommes : ceux qui sont parvenus à la reconnaître et qui s'y conforment d'une part, ceux qui la méconnaissent, de l'autre. Au dire des stoïciens, les uns sont des sages, et les seconds, au sens strict du mot, sont des fous. Le stoïcisme primitif du moins avait poussé à l'extrême cette opposition. L'école d'ailleurs avait dû, sur ce point comme sur d'autres, faire des concessions au bon sens, et elle avait admis une classe intermédiaire, celle des προχόπτοντες, c'est-à-dire des hommes qui sont en marche vers la vérité et la sagesse. Épictète, intraitable en théorie, était modeste en pratique, et n'a pas prétendu à cette infaillibilité que la logique stoïcienne promettait d'assurer au sage. Marc Aurèle n'a jamais été tenté d'oublier l'infirmité de la nature humaine, et ne s'est jamais regardé que comme « en route » vers le bien. Sa grandeur même l'inclinait à l'humilité, tandis que l'orgueil des autres maîtres du stoïcisme peut être parfois une protestation de petites gens contre les fausses dignités sociales. Les *Pensées* enseignent l'effort continu sur soi-même et contre soi-même. Y a-t-il rien de plus touchant que cette confession par laquelle s'ouvre le livre X, confession qui est en même temps une sorte de prière : « Seras-tu donc jamais, ô mon âme, bonne, droite, une, nue, plus manifeste que le corps qui t'enveloppe ?... » Mais, en même temps qu'il connaît sa faiblesse, qui n'est que celle de tous les hommes, confiant dans la force de sa doctrine, Marc Aurèle ne craint pas les défaillances sans relèvement. « L'art de vivre ressemble plus à l'art de la lutte qu'à l'art de la danse... » (VII, 61). Or pour cette lutte nous sommes armés ; il n'est que de se servir de ses armes.

Laissons la vérité pénétrer notre âme, « l'illuminer tout entière » (XI, 12). Sachons aussi nous rendre compte que les méchants sont des aveugles. Supportons en conséquence leur méchanceté, jusqu'à ce que nous réussissions, si nous le pouvons, à les éclairer, et ayons « pitié » d'eux (II, 13). Accordons même aux péripatéticiens que toutes les fautes ne sont pas égales (II, 10). Cette dernière concession est contradictoire à la pure doctrine, et l'on n'en trouverait pas l'équivalent exact chez Épictète. Mais Épictète avait donné déjà l'exemple d'une réelle indulgence pour les autres, alliée à l'extrême sévérité pour soi-même, et il n'a pas proscrit, du moins quand elle s'applique à ceux qui pèchent, sinon à ceux qui souffrent, cette pitié que les fondateurs du Portique regardaient comme une des pires faiblesses.

La morale stoïcienne ne saurait s'isoler des autres parties du système. La logique la fonde, et la couronne aussi, en procurant au sage l'infaillibilité d'où découle l'*ataraxie*. Elle n'est pas moins étroitement liée à la physique, et même c'est celle-ci qui lui donne son véritable principe, plus large et plus profond que ceux qu'elle tient de la logique. En effet, le caractère essentiel de l'univers – en dehors duquel, par définition même, rien n'existe –, c'est d'être soumis à une *loi* qui gouverne également l'ensemble et toutes les parties. À cette loi, les choses inanimées ou les animaux dépourvus de raison se conforment par une fatalité naturelle ; les êtres raisonnables doivent s'y soumettre volontairement. *Vivre selon la nature*, c'est vivre selon la raison ; car le principe de toutes choses, quoiqu'il soit matériel, est également raison souveraine. Là est la vraie source de la piété de Marc Aurèle, dont la philosophie est aussi une religion. Ce n'était point, il est vrai, une nouveauté pour le stoïcisme. Dès la période la plus ancienne de l'école, l'hymne de Cléanthe témoigne que la doctrine du Portique est en son fond très religieuse, et nul n'a trouvé après Cléanthe, dans toute l'Antiquité, des accents plus pieux qu'Épictète lui-même. Mais il faut voir d'un peu plus près quels thèmes de méditation a fournis à Marc Aurèle la physique de ses maîtres, empruntée en dernière analyse à Héraclite, et devenue chez eux une *foi*.

L'idée de la distinction entre les choses extérieures et les choses intérieures a peut-être été surtout pour Marc Aurèle un thème d'école, qu'il a reproduit en bon disciple. L'idée de la vie conforme à la nature, au contraire, non seulement a ébranlé profondément son imagination, mais s'est emparée de tout son être, intellectuel et moral. Elle remplit son esprit ; elle échauffe son cœur ; elle le possède et le domine tout entier. Une raison gouverne ce monde ; ce monde en est tout pénétré ; et la seule conduite raisonnable est de se ranger à l'ordre universel, d'y collaborer volontairement, au lieu de le défier et de le contraindre à s'imposer : car il aura toujours le dernier mot. Comment vaincre la crainte qu'elle nous inspire ? Il y a un premier moyen ; c'est d'analyser l'idée de la mort, comme Marc Aurèle exige qu'on analyse toutes choses – sauf la vertu, devant laquelle sa critique, qui aurait eu horreur d'un La Rochefoucauld, se laisse intimider (XI, 2). Marc Aurèle fait alors entrer en jeu le sophisme coutumier : qu'est-ce que la fin de l'une des opérations qui composent notre activité générale ? Rien. Qu'est-ce donc, quand la somme de ces opérations finit à son tour ? Rien de plus. Ce n'est pas là, quoi qu'il semble au premier abord, simple jeu d'esprit ; le jeu est très sérieux. Mais on peut dire qu'en une telle matière cependant la virtuosité logique ne vient qu'en appoint. Ce qui garantit à Marc Aurèle la fermeté de son regard, quand il le porte – et il le fait sans cesse – sur cette pensée qui « ne se peut regarder fixement », c'est le sentiment de piété qui l'oblige à respecter l'ordre divin. Quand il contemple la nature des choses, comment voit-il se manifester cet ordre ? Par cet écoulement perpétuel de la matière, qu'avait si poétiquement formulé le vieil Héraclite ; par la transformation de tout ce qui existe. Tout sous nos yeux se décompose en ses éléments, pour permettre à de nouveaux êtres, à de nouvelles formes d'apparaître et de durer le temps qui leur est assigné. Non seulement les individus disparaissent, mais l'univers même, à certaines périodes, se renouvelle par une révolution totale. Telle est la loi éternelle. Comment ne serait-ce pas la suprême impiété que de protester contre ses conséquences, quand elles nous atteignent nous-mêmes ? Comment ne pas s'accommoder à un destin auquel nul ne peut échapper ? Alors naissent dans l'esprit de Marc Aurèle ces images célèbres par lesquelles il assimile la condition de l'homme à celle des autres productions de la nature. L'homme est l'olive mûre qui se détache de l'arbre, et qui doit, en se détachant, rendre grâces à la terre qui a porté l'olivier et à l'olivier qui l'a portée elle-même (IV, 48).

Cette résignation – que Renan lui-même a jugée excessive, quand elle s'applique à l'homme vertueux pour écarter, en ce qui le concerne comme en ce qui regarde le vulgaire, toute idée d'une survie – est le fond de l'âme de Marc Aurèle, au temps où il écrit les *Pensées*. Si disposé qu'il y fût naturellement, pour parvenir à cette perfection, elle a dû être sa grande conquête. Elle est la perpétuelle leçon de son livre ; elle lui donne la force qu'il recèle. Elle lui communique aussi de la froideur ; elle fait qu'il laisse dans l'âme du lecteur un vide et presque une désolation. C'est un trait personnel de Marc Aurèle que l'impression produite sur lui par l'ordre du monde soit aussi dépouillée de toute considération esthétique, qu'elle reste exclusivement intellectuelle et morale. Il n'y a rien chez lui de l'admiration hellénique pour les beautés du monde extérieur ; aucune trace du lyrisme auquel s'abandonne parfois Épictète ; rien non plus qui annonce cet enthousiasme plus sobre, mais profond, qui inspirera Plotin, le chef de ces néoplatoniciens dont on a pu dire non sans raison que Marc Aurèle les faisait déjà pressentir. Ce n'est pas la vue de l'étoile du matin, ni le spectacle du ciel par une belle nuit d'été qui provoque ou soutient la piété de Marc Aurèle. Son esprit raffiné et subtil préfère jouer la difficulté en recherchant une preuve de l'ordre universel et en découvrant même un charme dans les imperfections apparentes qui sont matière à raillerie pour l'ignorant et pour l'impie. Il faut faire évanouir l'idée même du mal. Il faut montrer qu'elle n'a plus de sens, dès que l'on remet chaque chose à sa place, dès qu'on envisage la dépendance mutuelle des choses et qu'on tient compte des conditions qui permettent seules l'existence du réel.

L'homme qui se nourrit de ces graves pensées, l'homme dont l'esprit habite de telles cimes, celui-là « vit avec les Dieux ». « Vivre avec les Dieux » (V, 27) est du moins son ambition suprême ; vivre avec les Dieux, et – comme Marc Aurèle l'a dit, probablement dans une des dernières pages qu'il ait écrites – « profiter de la vie *pour en former une chaîne de biens, sans laisser entre eux le moindre intervalle* » (XII, 29). Ce n'est qu'un vœu ; Marc Aurèle a fait tout ce qui a dépendu de lui pour le réaliser ; mais il ne s'est jamais cru lui-même un Dieu, ou, pour parler comme les stoïciens stricts parlaient de leur sage, l'égal de ces Dieux, qu'il avait pris si jeune l'habitude de vénérer. Il continua pendant toute sa vie à leur rendre un culte, selon les rites traditionnels. Il fut très attaché à ces rites ; il multiplia les sacrifices, au point de provoquer parfois les railleries des païens eux-mêmes. En 174, dans une de ses campagnes les plus difficiles, lorsque l'armée fut sauvée par cet orage opportun dont l'intervention fut officiellement attribuée à *Jupiter Pluvius* et qui donna naissance, dans les milieux chrétiens, à la légende de la *Légion fulminante*, il avait fait appel, si l'on en croit Dion Cassius (LXXI, 8, 4), aux services d'un sorcier égyptien. Il a poursuivi sans ménagement les contempteurs de la religion nationale ; la persécution contre les chrétiens a sévi plus durement sous son règne que sous celui de ses prédécesseurs, et si l'on s'explique sans trop de peine qu'il ait fermé l'oreille aux requêtes des *Apologistes* ou même qu'il les ait ignorées, on s'étonne cependant qu'il n'ait vu dans l'héroïsme des martyrs qu'une attitude de défi, et que ni son cœur, ni son esprit n'en aient été une minute troublés. Mais comment le philosophe concevait-il ces Dieux dont il honorait et défendait si passionnément les autels ? Il est difficile d'apporter ici des précisions tout à fait satisfaisantes, quoique l'essentiel se laisse apercevoir. Il va de soi que Marc Aurèle a dû suivre en principe la tradition des stoïciens, qui, pour trouver un moyen d'entente avec les croyances populaires, avaient accepté les Dieux de la mythologie, en les interprétant comme une personnification des forces de la nature. Mais les nuances importent beaucoup en pareille matière. Les *Pensées* sont pleines d'invocations aux Dieux. Il est toutefois digne de remarque que les noms des divinités particulières y sont très rarement prononcés. Même celui de Zeus, que les stoïciens employaient couramment sans lui donner une autre valeur que celle de désigner la *loi universelle*, n'y est relativement pas fréquent. En dehors de Zeus, si l'on néglige une mention insignifiante des *Muses* et une autre, non moins banale, de la *Carpophore* (Déméter), il reste seulement deux textes intéressants à relever : ils concernent tous deux Asclépios, dont la grande popularité au IIᵉ siècle de notre ère est bien connue, et ils sont, il est vrai, assez significatifs. Si Marc Aurèle, au livre Iᵉʳ, rend grâces à Diognète de l'avoir libéré de certaines superstitions (I, 6), il parle en croyant de ces cures miraculeuses dont le rhéteur Aristide nous a rapporté des échantillons si étranges, et il n'est pas douteux qu'il n'eût foi, de quelque manière qu'il se représentât les Dieux, à la possibilité et même à une certaine fréquence de relations directes entre eux et l'humanité. Il les remercie, à la fin du Iᵉʳ livre, « des communications, des secours et des inspirations » qui lui sont venus de leur part, et il confesse que, s'il est encore loin de vivre strictement *selon la nature*, la faute n'est qu'à lui-même, qui n'a pas tenu assez de compte des « avertissements que me donnent les Dieux ; je devrais dire : de leurs leçons ». Il n'est donc pas tout à fait exact que « le surnaturel » ne soit « dans les *Pensées* qu'une petite tache insignifiante, qui n'atteint pas la merveilleuse beauté du fond ».

Il y a d'ailleurs dans les *Pensées* une autre idée religieuse, dont l'importance est infiniment supérieure à celle de la croyance aux Dieux, sous cette forme où se combinent la tradition populaire et le stoïcisme. C'est la doctrine purement stoïcienne du *Dieu intérieur*, ou *Génie* (δαιμων). Ce Dieu est la partie supérieure de notre âme, l'ηγεμονιχον ; c'est-à-dire *notre guide* ; il représente l'élément divin de notre être, émané de la raison universelle et destiné à s'y absorber un jour nouveau. Cette doctrine est exprimée dans les *Entretiens* d'Épictète à peu près avec les mêmes termes que dans les *Pensées*. Marc Aurèle y revient sans cesse avec une insistance particulière. On peut dire qu'il vit en se sentant perpétuellement sous le regard de son *Génie* et en fixant perpétuellement sur ce *Génie* son propre regard. C'est un curieux dédoublement de la personnalité, grâce auquel le lien entre l'homme et la divinité est rendu manifeste. Laissons de côté le premier livre, qui est une sorte de *Préface*, et prenons le second, avec lequel commencent véritablement les *Pensées*. Le caractère des deux premières maximes par lesquelles il débute est décisif. La première est un conseil d'indulgence, se redire chaque matin, dès l'aurore, que l'on rencontrera des méchants ; que leur méchanceté est causée par l'ignorance, et qu'il faut en conséquence la supporter patiemment. La seconde est une analyse de notre être, qui élimine d'abord comme secondaires deux éléments : le corps et le souffle vital, pour nous laisser en présence du *Guide intérieur*. Travaillons chaque jour à libérer ce guide, à le soustraire à toute influence de nos passions, à le garder en sa pureté naturelle, tel qu'il s'est détaché de la raison universelle pour venir résider en nous, et comme si nous devions être appelés à le restituer sur l'heure. Tout le reste nous est commun avec les méchants ; le privilège de l'homme de bien, c'est de ne pas laisser se mêler à la cohue des sensations et s'y souiller le Génie qui a établi sa demeure en notre poitrine (III, 16). En ce passage, comme en quelques autres, il semble que Marc Aurèle s'engage sur une voie qui le mènerait peu à peu à dire que c'est l'homme qui crée (ou retrouve) par la vertu son Génie. Mais ailleurs le Génie a plus d'initiative. « Il dépend de nous de ne rien faire *contre la volonté* de notre Dieu et de notre Génie » (V, 10). Dans la belle effusion dont j'ai cité tout à l'heure le début (V, 27), celui qui « vit avec les Dieux », c'est celui qui « fait toutes les volontés du Génie que Zeus a donné à chacun *comme maître et comme guide* » ; ou encore : « le guide intérieur est cette partie qui s'éveille elle-même, qui se modifie et se façonne elle-même, comme elle veut, et qui fait que tout événement lui apparaisse comme elle veut » (VI, 8). Marc Aurèle se soucie peu de ces contradictions apparentes ; le problème de psychologie que crée la croyance au Dieu intérieur ne l'intéresse pas. Il est tout à cette pensée qu'il y a en nous un élément divin, à condition que nous sachions le dégager.

La modestie, la résignation, la piété de Marc Aurèle sont les traits par où s'individualise chez lui la doctrine stoïcienne. Sa philosophie doit une autre de ses nuances à la condition où le sort l'a placé. Nous avons touché déjà à cette considération, mais il faut l'examiner plus largement. Marc Aurèle est l'*empereur*. N'attendons pas de lui un Traité dogmatique. Il a paru parfois regretter de ne pouvoir le composer ; il a eu quelque peine à consacrer son temps à la vie active, et à sacrifier ses lectures. Selon un témoignage que l'on peut trouver tour à tour suspect ou vraisemblable, que Renan rejette et que Martha accepte, il aurait, une fois au moins, *professé* ; à la demande de ses amis, il leur aurait exposé en quelques leçons ses idées principales, à la veille de partir pour sa dernière campagne. Eût-il eu cette faiblesse une fois, et bien qu'Avidius Cassius lui ait reproché de perdre ses journées avec des lettrés ou des philosophes, Marc Aurèle s'imposa la pénible discipline que sa responsabilité exigeait, et les *Pensées* sont là pour en témoigner. Il s'est toujours prescrit d'agir non seulement en Romain et en homme, mais en empereur. Non en *César* ; il avait horreur des Césars du premier siècle, des princes de la dynastie julienne, des Néron ou des Caligula. Il s'est donc donné pour mot d'ordre de ne pas se laisser *césariser* (VI, 30). Mais il a voulu être ce qu'il devait être, un empereur de la lignée de Trajan, d'Hadrien et d'Antonin. Au devoir envers les autres, il a apporté la même droiture d'intention, la même vigilance, la même modestie qu'à l'accomplissement de ses devoirs envers lui-même. A-t-il parfois rêvé de faire mieux que ne lui permettait l'état politique et social de l'Empire romain ? On peut être tenté de le croire, quand on lit une de ses *Pensées*, où il semble avoir eu besoin de se ramener lui-même au sentiment exact des réalités, en rejetant l'illusion de prétendre réaliser en ce monde la *République* de Platon (IX, 29). S'il a été attiré, ne fût-ce qu'une minute, par ce rêve qui, un siècle plus tard, a failli séduire aussi Plotin, son grand bon sens l'en a vite détourné. Les réformes moins audacieuses qu'il entreprit n'allèrent pas toujours elles-mêmes sans susciter quelques résistances. Des mesures qui peut-être auraient été acceptées plus aisément, si elles fussent venues d'Antonin, qui n'était qu'un simple *honnête homme*, provoquèrent, parce qu'elles étaient prises au nom de la philosophie, des murmures que Marc Aurèle entendit : « Ce pédant va-t-il un jour nous laisser respirer ? » (V, 36). Mais quand sa conscience lui rendait bon témoignage, il ne se laissait pas plus émouvoir par les médisances qu'il ne se laissait éblouir par la gloire. Il continua à travailler au bonheur de ses sujets, en dépit d'eux-mêmes, comme il continua à battre les Sarmates, tout en ne faisant pas plus de cas de ses victoires que de « la prise d'un levrau ou d'une sardine au filet » (X, 10). Son unique souci fut d'observer la maxime stoïcienne qui veut que chacun ici-bas considère en quel poste la divinité l'a placé, et remplisse exactement les devoirs que ce poste implique.

IV

Tous ceux qui ont écrit sur Marc Aurèle, après avoir décrit son âme, si dépouillée de toute vanité qu'on craindrait de la trouver un peu nue, si elle ne brillait de cette lumière intérieure dont il a si bien parlé, de cette lumière qui s'allume dans l'âme purifiée et devient sa seule parure, se sont excusés d'avoir à dire un mot de l'écrivain. Il faut le dire cependant, puisque Marc Aurèle a écrit, puisqu'il a conservé ce qu'il a écrit, et que, selon toute vraisemblance, ce n'est pas contre son désir que le public a connu, après sa mort, ces pages dont il s'avouait sans doute, quoique sans orgueil, qu'elles pourraient faire quelque bien. Non seulement il a écrit ; mais il s'était préparé à écrire par l'éducation qu'il avait reçue et qui l'avait rendu un des hommes les plus cultivés de son époque, par ces lectures qu'il a poursuivies si passionnément, tant que ses occupations le lui permirent, jusqu'au moment où les *Pensées* nous apprennent que la surcharge des affaires le contraignit à y renoncer à peu près complètement.

Il savait tout ce que les maîtres les plus réputés de son temps pouvaient enseigner en matière de style. Il s'était exercé également à écrire en grec et en latin. Quand il a voulu noter ses pensées, il a pris le parti de se servir du grec. Assurément il était devenu commun alors que les Latins employassent cette langue, et l'exemple de Fronton suffit à le montrer. Mais qu'un empereur, qui ne manque pas de s'appeler lui-même un Romain quand il veut s'exhorter à bien remplir sa tâche, ait suivi cet exemple, c'est la preuve la plus forte de la prépondérance reconquise par la Grèce, au

IIe siècle, dans le domaine intellectuel, et de l'action profonde que la philosophie hellénique exerçait sur toutes les âmes nobles. Peut-être aussi, en usant d'une langue qui, malgré sa popularité, restait pour un Latin une langue étrangère, a-t-il cru se mettre plus sûrement à l'abri, – pour son compte personnel et vis-à-vis des autres – contre toute tentation de céder à la vanité littéraire et tout soupçon d'y avoir cédé.

Il n'y a pas cédé. Il a écrit simplement, au jour le jour, ce qui l'avait préoccupé, et les mérites littéraires de son livre, qui sont réels, ont été atteints sans être cherchés. En ce qui concerne la composition, j'ai dit qu'il n'y en avait aucune. L'œuvre s'est formée au hasard. Le premier livre seul représente une sorte d'ensemble, parce qu'il constitue comme une préface. Sauf cette exception, la division en livres ne se justifie, au moins dans certains cas, que parce qu'elle réunit des morceaux composés dans la même période, en des circonstances analogues ; c'est ainsi qu'une note à la fin du livre second le présente comme rédigé à Carnonte. Si l'on met encore à part certains groupes, peu nombreux et peu étendus, où l'on reconnaît une affinité réelle, parce que le même thème y est traité exclusivement ou tout au moins y prédomine, l'unité des *Pensées* tient seulement à ce que l'auteur reste, d'un bout à l'autre, sous l'empire des mêmes dispositions morales.

En fait l'absence de composition proprement dite est ici un avantage. Le défaut qui menaçait un tel livre, et qui n'y est pas entièrement évité, c'était une certaine monotonie. Marc Aurèle a vécu de deux ou trois grandes idées. Lui-même a fait la remarque qu'il suffit de bien posséder un très petit nombre d'axiomes pour faire face à toutes les situations de la vie, si variées et si imprévues qu'elles soient en apparence (II, 5). À demeurer dans le désordre où elles sont nées, les *Pensées* avaient plus de chance d'offrir, au moins dans la forme, quelque diversité reposante, et c'est en réalité une bonne fortune que Marc Aurèle a ainsi rencontrée plutôt que préméditée. Il faut ajouter que la monotonie n'est pas un inconvénient aussi grave qu'elle le paraît au premier abord, quand il s'agit d'un livre qui n'est manifestement pas fait pour être lu d'un seul trait, qui doit l'être ainsi qu'il a été composé, par intervalles, afin d'être, dans ces intervalles, médité.

L'originalité est dans l'expression. Non qu'il y ait aucune recherche. Mais comment une âme d'une telle qualité ne trouverait-elle pas l'expression forte pour traduire ce qu'elle ressent si fortement, et comment ne donnerait-elle pas une forme personnelle à une doctrine qui, en la pénétrant tout entière, s'est en même temps si bien adaptée à elle ? Les premiers essais de Marc Aurèle que nous connaissions – ses lettres à Fronton – montrent l'application consciencieuse de toutes les recettes d'école. Mais, à dater du jour où il est passé dans le camp des philosophes, l'élève de Fronton s'est entièrement dépouillé du goût factice que lui avait enseigné son maître. Un homme nouveau est né en lui, en qui rien n'est plus resté – sauf sans doute quand il composait un discours officiel – du rhéteur qu'il avait commencé par être. Ne faisant point, comme Dion de Pruse, œuvre de prédication populaire, il n'a même pas eu à repousser la tentation d'un compromis entre sa formation première et ses acquisitions ultérieures. Pour écrire, comme pour penser, il a creusé son propre fond ; il a fait jaillir la source intérieure. C'est la mâle simplicité d'Épictète qui l'a formé, et il est à la fois plus raffiné et plus simple qu'Épictète parce qu'il dialogue avec lui-même sans avoir à se soucier d'aucun public. Il ne prêche pas, il s'examine ; il s'ensuit qu'il ne saurait avoir la rigueur entraînante, la dialectique pressante d'un apôtre ; mais son livre recèle, entre ses minces feuillets, le charme mystérieux qui se dégage des pensées que l'on voit s'ébaucher, que l'on suit à mesure qu'elles naissent, qui, brusquement ou par degrés, passent de la conscience à la vie ; le charme sans égal de la spontanéité ; il a – on ose le dire, quoique le mot puisse surprendre quand il s'applique au produit d'une méditation si obstinée – le charme de la fraîcheur. Lorsque le sentiment qui inspire Marc Aurèle est porté à son maximum d'intensité, la forme d'expression qu'il revêt le plus ordinairement, chez ce stoïcien qui, comme tous les stoïciens, a si sévèrement proscrit l'imagination, c'est l'image. Tantôt une pensée se condense tout entière dans une image ; tantôt une image achève, juste au point voulu, tout un raisonnement et le fixe pour jamais dans la mémoire. Épictète, lui aussi, a parfois combattu l'imagination avec ses propres armes. Marc Aurèle, à tout instant, exorcise les choses extérieures en donnant à la pensée abstraite la puissance concrète de l'image. Ce sont les images qui ont popularisé ses trois ou quatre idées directrices, et qui ont rendu certaines de ses *Pensées* aussi célèbres que le sont quelques-unes de celles de Pascal. La vanité de la gloire, c'est l'empereur qui prend des Sarmates comme l'araignée prend une mouche (X, 10) ; l'homme qui résiste à sa destinée, c'est le cochon de lait qui nous importune de ses cris tandis qu'on le mène au sacrifice (X, 28) ; le sage, c'est le promontoire qui résiste à l'assaut furieux des vagues (IV, 49) ; c'est aussi l'émeraude, qui connaît son prix et que rien ne peut empêcher d'être une émeraude (IV, 20) ; la vertu, c'est la lampe dont la flamme brûle jusqu'à extinction (XII, 15) ; la mort, c'est la maturité de l'olive qui se détache du rameau (IV, 48). Ce sont là des trouvailles qu'un écrivain de profession peut envier.

V

Faut-il résumer en terminant les raisons profondes qui ont conservé au livre des *Pensées* une prise si forte sur les âmes modernes ? Les unes viennent de la doctrine ; les autres viennent de l'auteur.

Le mérite en est assurément pour une bonne part au stoïcisme. Le système, assez médiocre si on le considère au point de vue de son originalité philosophique et de ses bases scientifiques, était devenu puissant par la forte cohésion de ses parties, et cependant il est assez facile aujourd'hui d'isoler certains de ses éléments en se faisant l'illusion – si l'on n'est pas très versé dans l'histoire des idées – qu'on ne les altère pas trop. La logique du Portique a cessé de nous intéresser ; sa physique nous paraît assez grossière, et l'esprit de la science véritable en est absent. Sa piété nous touche encore par l'accent, mais elle ne saurait nous suffire, parce qu'elle nous paraît reposer sur une équivoque. Reste la morale, qui garde pour beaucoup d'entre nous une réelle efficacité. Son désintéressement, sa noblesse, la clarté de quelques-unes des raisons sur lesquelles elle se fonde, expliquent et justifient son action. Mais elle a ses limites ; admirable pour former en nous la force de résistance, pour nous assurer un abri contre le malheur ou une défense contre les tentations, pour nous inciter aussi à remplir complètement les obligations que notre condition nous impose, non seulement envers nous-mêmes, mais envers les autres, elle ne favorise pas assez l'initiative, elle ne contribue pas assez à semer en nous ou a faire lever le germe de l'action spontanée et à son tour créatrice.

Marc Aurèle, lui-même, a eu peut-être plus de part encore au succès des *Pensées* que la doctrine. Si le stoïcisme, quand il en est l'interprète, nous inspire un attrait qu'aucun autre de ses sectateurs n'a su lui donner, c'est que nous voyons dans les *Pensées* non pas la doctrine enseignée, mais la doctrine vécue. *Les dogmes vivent*, et ils vivent parce qu'ils s'incarnent en celui qui les professe et qu'ils deviennent pour lui principe de vie. Le livre de Marc Aurèle est du petit nombre des livres de choix qui nous donnent ce spectacle, passionnant pour tous ceux qui sont épris de la vie intérieure. La vie d'un honnête homme, sous l'inspiration d'une doctrine, la vie de cette doctrine, informée par la conscience d'élite à laquelle elle s'adapte, c'est le double intérêt des *Pensées*.

Nous avons essayé de marquer les traits les plus caracté-
ristiques de cette conscience. Entre tous, celui qui domine
et qu'il faut retenir en terminant, parce qu'il explique les
autres, c'est bien la sincérité, Hadrien ne s'était pas trompé ;
il fut donné d'être l'un des plus vrais entre les hommes à cet
enfant que le hasard avait fait nommer du nom de *Vérus*.

A. Puech.

LIVRE I[1]

1 De mon grand-père Verus[2] : sa bonté et son humeur toujours égale.

2 De la réputation et de la mémoire laissée par le père qui m'engendra[3] : sa réserve et son mâle caractère.

3 De ma mère[4] : sa piété, sa propension à donner du sien et à s'abstenir non seulement de faire acte de méchanceté, mais même de s'arrêter à une telle pensée ; et encore la simplicité de son genre de vie et son éloignement du train que mènent les riches[5].

---

1. Dans ce livre, Marc Aurèle fait le relevé de tout ce qu'il doit à ses aïeux et à ses parents, à ses maîtres, à ses amis et aux dieux : bienfaits, leçons morales, bons exemples. Ces simples notes, à peine rédigées, révèlent toute son humilité et son cœur reconnaissant.

2. M. Annius Verus, ancien préfet de Rome, deux fois consul, élevé au rang de sénateur. C'est dans sa maison que Marc Aurèle fut élevé après la mort de son père.

3. Marc Aurèle a perdu son père, P. Annius Verus, entre 124 et 130 – l'enfant avait entre trois et neuf ans –, pendant qu'il assumait la charge de préteur (magistrat).

4. Domitia Lucilla (morte entre 155 et 161) a toujours été d'une très grande attention à l'égard de son fils, qu'elle a suivi à la cour de l'empereur Antonin le Pieux à partir de 138.

5. Cette « simplicité » à l'égard des possessions est un trait essentiel de la mère de Marc Aurèle, car elle hérita d'une très grande fortune qu'elle fit fructifier. Son arrière-grand-père, Domitius Afer (voir

4 De mon bisaïeul[6] : n'avoir pas fréquenté les écoles publiques, mais avoir bénéficié de bons maîtres à domicile ; et avoir compris que, pour de tels objets, il faut dépenser largement.

5 De mon gouverneur[7] : n'avoir été ni Vert ni Bleu, ni pour les Boucliers Courts ni pour les Longs[8] ; l'endurance, le peu de besoins ; le soin de faire soi-même son travail, de ne pas s'embarrasser d'une foule d'affaires et de repousser la calomnie.

6 De Diognète[9] : l'aversion pour les futilités ; l'incrédulité à ce que racontent les faiseurs de prodiges et les charlatans sur les incantations et les moyens de se préserver des démons, et autres sornettes ; ne pas s'adonner à l'élevage des cailles, ni s'engouer de pareilles manies ; supporter la franchise ; m'être familiarisé avec la philosophie et avoir suivi des leçons, d'abord de Bacchius, puis de Tandasis et de Marcianus[10] ; avoir composé des dialogues dans mon enfance ; avoir désiré le lit de camp recouvert d'une simple peau et toutes les autres disciplines qui se rattachent à l'éducation hellénique[11].

I, 13), avait créé une fabrique de briques qui était gérée par ses deux fils adoptifs depuis sa mort en 59. Or, l'immense incendie de Rome en 64 contribua au succès de l'entreprise qui ne fit que croître.

6. Il s'agit sans doute de son arrière-grand-père maternel, Catilius Severus, dont Marc Aurèle a porté durant son enfance le nom.

7. Le nom de ce gouverneur est inconnu. L'attachement de Marc Aurèle pour celui qui veilla sur sa santé et fit sa première éducation morale fut très grand : l'*Histoire Auguste* rapporte que le futur empereur pleura la disparition de son premier éducateur (*Vie d'Antonin le Pieux*, X, 10).

8. Les Verts et les Bleus, les Boucliers Courts et Longs désignaient les couleurs et les armes des troupes rivales qui fournissaient le cirque de cochers et de gladiateurs.

9. Peintre et savant. Voir III, 2 des traces de son enseignement.

10. Bacchius de Paphos est un philosophe platonicien. Tandasis est inconnu. Quant à Marcianus, il s'agit peut-être de Lucius Volusius Maecianus mentionné dans l'*Histoire Auguste* (III, 6), qui donna des leçons de droit à Marc Aurèle.

11. Selon l'*Histoire Auguste* (II, 6), Marc Aurèle se familiarisa dès

7 De Rusticus[12] : avoir conçu l'idée que j'avais besoin de redresser mon caractère et d'y veiller assidûment ; n'avoir pas donné dans la passion de la sophistique ; ne pas composer de traités théoriques ni de ces œuvres oratoires qui visent à persuader ; ne pas chercher à étonner le monde par un étalage d'activité ou de bienfaisance ; avoir renoncé à la rhétorique, à la poésie, au style raffiné ; ne pas me promener en toge[13] à la maison et m'interdire les vanités de ce genre ; écrire simplement mes lettres, comme était celle qu'il écrivit lui-même de Sinuesse[14] à ma mère ; être toujours prêt, avec ceux qui se seraient laissés aller envers moi à une brusquerie ou à un manquement, à répondre au premier appel et à me réconcilier, dès qu'eux-mêmes désirent revenir ; lire de très près, sans me contenter d'embrasser les choses d'une vue sommaire ; ne pas accorder un prompt assentiment aux gens qui bavardent à tort et à travers ; avoir pu lire les livres qui nous conservent les leçons d'Épictète, livres qu'il me prêta de sa bibliothèque[15].

8 D'Apollonius[16] : l'indépendance ; la décision, sans débats infinis comme sans appel aux dés ; ne se point guider, même pour peu de temps, sur autre chose que la raison ; rester

---

l'âge de douze ans avec les pratiques de l'ascétisme stoïcien, et qu'il fallut l'intervention de sa mère pour qu'il y apportât un peu d'adoucissement. La découverte de la philosophie, avec Diognète, suppose un mode de vie austère, mais cela ne sera qu'une première étape dans l'itinéraire intellectuel et pratique de Marc Aurèle.

12. Junius Rusticus, philosophe stoïcien, son confident et son conseiller.

13. La toge était chez les Romains la *tenue* de cérémonie.

14. Ville de Campanie, dans les environs de l'actuelle Mondragone.

15. Il s'agit sans doute des *Entretiens* recueillis par Arrien. Les nombreuses analogies doctrinales des *Pensées* avec les *Entretiens*, les citations empruntées à ceux-ci en sont la preuve.

16. Apollonius de Chalcis, philosophe stoïcien, qu'Antonin avait fait venir d'Orient pour servir de précepteur à Marc Aurèle.

toujours le même malgré de vives douleurs, la perte d'un enfant, de longues maladies ; avoir vu manifestement, sur un modèle vivant, qu'on peut allier la plus grande énergie à la douceur ; nulle propension à des mouvements d'humeur au cours de ses explications ; avoir vu un homme qui comptait évidemment pour le moindre de ses talents son expérience et son habileté à transmettre la doctrine ; avoir appris comment il faut accueillir ce qui passe pour bons offices entre amis, sans se laisser vaincre par ces prévenances, ni les décliner grossièrement.

9 De Sextus[17] : la bienveillance et l'exemple d'une famille patriarcale ; la conception de ce qu'est la vie conforme à la nature ; la gravité exempte d'affectation ; la sollicitude sans cesse en éveil sur les désirs de ses amis ; la tolérance à l'égard des sots et de ceux qui opinent sans réfléchir ; l'art de s'accommoder à toutes sortes de gens ; aussi son commerce les charmait-il mieux que n'eût pu le faire aucune flatterie, tout en leur inspirant pour lui, dans le même moment, le plus profond respect ; l'habileté à découvrir avec précision et méthode et à disposer en bon ordre les principes nécessaires à la conduite de la vie ; n'avoir jamais présenté même l'apparence de la colère ni d'aucune autre passion, mais posséder un caractère très calme et, tout ensemble, très affectueux ; la facilité à louer, mais discrètement ; de vastes connaissances sans pédanterie.

10 D'Alexandre le grammairien[18] : ne pas aimer à critiquer ; ne pas s'en prendre en termes injurieux à ceux qui ont laissé échapper un barbarisme ou un solécisme ou quelque autre lapsus ; mais amener adroitement le seul terme correct sous le couvert d'une réponse ou d'un complément d'explication ou d'un débat en commun sur le fond, non sur la forme, ou

---

17. Sextus de Chéronée, stoïcien, neveu de Plutarque.
18. Son professeur de grec.

par quelque autre moyen aussi bien approprié de suggestion indirecte.

11 De Fronton[19] : avoir observé à quel degré d'envie, de duplicité, de dissimulation en viennent les tyrans ; et que, presque toujours, ces personnages qu'on appelle chez nous les patriciens sont, en un sens, incapables d'affection.

12 D'Alexandre le Platonicien[20] : ne pas alléguer souvent et sans nécessité, soit de vive voix, soit par lettre, qu'on est trop occupé ; et ne pas esquiver ainsi constamment les devoirs qu'imposent les relations sociales, sous prétexte qu'on est encombré d'affaires.

13 De Catulus[21] : ne pas négliger un ami qui se plaint de nous, même si la plainte, en l'occurrence, n'est pas fondée, mais essayer même de rétablir nos rapports accoutumés ; dire volontiers du bien de ses maîtres, ainsi que faisaient, à ce qu'on rapporte, Domitius et Athénodote[22] ; et chérir véritablement ses enfants.

14 De mon frère Severus[23] : l'amour de la famille, du vrai, du bien ; avoir connu grâce à lui Thraséas, Helvidius, Caton, † Dion, Brutus[24] ; avoir acquis la claire notion d'un État démocratique, au gouvernement fondé sur l'égalité et le droit égal pour tous à la parole, d'un empire qui respecterait par-dessus tout la liberté de ses sujets ; de lui encore, le culte constant, sans défaillances, rendu à la philosophie ; la

---

19. Le rhéteur Fronton, le maître tant aimé de Marc Aurèle : cf. Introduction.

20. Secrétaire grec de Marc Aurèle d'après Philostrate.

21. Cinna Catulus, philosophe stoïcien.

22. Domitius est inconnu ; Athénodote était le maître de Fronton.

23. Claudius Severus, péripatéticien, consul en 146. Il contribua avec Rusticus à gagner Marc Aurèle à la philosophie. Son fils épousa Fadilla, seconde fille de l'empereur.

24. Thraséas, Helvidius, Caton, Dion, Brutus, stoïciens bien connus.

bienfaisance, la large libéralité ; le bon espoir et la confiance
en l'affection de ses amis ; aucune dissimulation envers ceux
qu'il avait occasion de blâmer et nul besoin, chez ses amis,
de se perdre en conjectures sur ce qu'il voulait ou non :
c'était évident.

15 De Maximus[25] : la maîtrise de soi, l'absence de versatilité
en quoi que ce fût ; le courage en toutes circonstances,
spécialement au cours de ses maladies ; l'heureux mélange,
dans son caractère, de la douceur et de la noblesse ;
l'accomplissement, sans qu'il lui en coûtât, de toutes les
tâches qui se présentaient ; la confiance inspirée à tous qu'il
pensait comme il disait et que, ce qu'il faisait, c'était sans
mauvaise intention ; point d'étonnement ni de trouble ;
jamais de précipitation ni de lenteur, ni d'embarras, ni
d'abattement, ni de mines épanouies suivies d'accès de
colère ou de défiance ; la bienfaisance, la facilité à pardonner,
la loyauté ; donner l'idée d'un homme droit plutôt que
redressé ; et que personne n'a pu s'imaginer que Maximus
le regardait de haut, ni admettre l'opinion qu'on lui fût
supérieur ; enfin sa bonne grâce...

16 De mon père[26] : la mansuétude, mais aussi la fermeté
inébranlable dans les décisions mûrement étudiées ;
l'indifférence à la vaine gloire tirée de ce qui passe pour des
honneurs ; l'amour du travail et la persévérance ; l'attention
à écouter ceux qui étaient capables d'apporter quelque
avis utile au bien public ; la part toujours faite à chacun
inflexiblement selon son mérite ; l'habileté à distinguer
quand il était besoin soit d'un effort soutenu, soit de détente ;
le terme imposé aux amours dont les adolescents étaient
l'objet ; la sociabilité ; la faculté laissée à ses amis de ne pas

---

25. Claudius Maximus, stoïcien, fut consul grâce à Marc Aurèle,
puis légat en Pannonie supérieure et proconsul en Afrique.
26. L'empereur Antonin, son oncle par alliance et son père adoptif.

toujours manger à sa table ni l'accompagner en voyage par obligation, mais au contraire de le retrouver toujours le même, quand par suite de nécessités on l'avait quitté pour un temps ; le soin d'examiner les affaires de près dans les conseils † et de ne jamais abandonner une enquête entamée, en s'en tenant aux premières apparences ; l'attachement à conserver ses amis sans en être jamais rassasié ni follement épris ; l'art de se suffire en tout par lui-même sans perdre sa sérénité ; l'application à prévoir de loin et à régler d'avance les moindres détails des affaires sans pose théâtrale ; la répression des acclamations et de toutes les flatteries adressées à sa personne ; la vigilance portée sans cesse aux grands intérêts de l'Empire ; l'administration économe des revenus publics et la tolérance pour ceux qui le critiquaient sur ces sortes de matières ; à l'égard des Dieux, point de crainte superstitieuse ; à l'égard des hommes, point de bassesse pour capter la popularité, chercher à plaire, gagner les bonnes grâces de la foule ; mais sobriété en tout, conduite ferme, jamais manque de savoir-vivre ni désir d'innover ; l'usage des biens qui contribuent aux commodités de la vie – et la Fortune l'avait comblé à cet égard – à la fois sans vanité ni fausses raisons, en sorte qu'il les cueillait simplement, les trouvant sous la main, mais que, s'ils lui manquaient, il n'en sentait pas le besoin ; que personne n'eût jamais pu le traiter de charlatan, de plaisantin, de pédant ; qu'au contraire on reconnaissait en lui un homme mûr, accompli, insensible à la flatterie, sachant diriger les affaires des autres en plus des siennes ; en outre, les égards dont il entourait les vrais servants de la philosophie ; quant aux autres, sans leur faire d'affront, il ne se laissait pas séduire par eux ; et encore, son entretien courtois et aimable sans forcer la mesure ; le soin raisonnable qu'il prenait de son corps, non pas en homme qui aime la vie, mais sans tomber dans la coquetterie, encore moins dans la négligence : aussi, grâce au soin qu'il eut de sa personne, n'eut-il presque jamais besoin de recourir à la médecine ni aux drogues pour l'usage interne ou externe ; surtout, son effacement exempt de jalousie devant les hommes qui s'étaient acquis quelque talent, par exemple l'éloquence, la connaissance des lois ou des coutumes ou toute autre science ; et l'aide qu'il leur prêtait pour leur faire obtenir chacun les honneurs que méritait sa compétence spéciale ; suivant toujours les coutumes des ancêtres ; et encore qu'il n'était pas de ces gens qui ne tiennent pas en place et ont besoin de s'agiter ; mais qu'il pouvait demeurer longtemps dans les mêmes lieux, livré aux mêmes occupations ; qu'après les violents accès de ses maux de tête il se remettait aussitôt, avec un nouvel entrain et sa pleine vigueur, à ses travaux accoutumés ; qu'il n'eut pas beaucoup de secrets, mais au contraire fort peu, de loin en loin, et seulement sur les affaires d'État ; sa conduite raisonnable et mesurée, qu'il s'agît de célébrer les fêtes publiques ou de construire des édifices ou de faire des distributions au peuple et dans tous les cas analogues, comme est celle d'un homme qui ne regarde qu'à ce qu'il faut faire, non à la gloire qu'il récoltera pour l'avoir fait ; ni bains à des heures indues, ni amour de la bâtisse, ni souci de raffiner sur la nourriture, les tissus et les nuances des vêtements, la bonne mine des serviteurs ; † l...... de Lorium <le> ramenant de sa campagne d'en bas et, le plus souvent, de celles qu'il possédait à Lanuvium ; † comment il en usa avec le publicain de Tusculum qui l'implorait ; et tout son caractère à l'avenant[27] ; qu'on ne le vit jamais intraitable, ni renfrogné, ni violent au point de faire dire de lui : il en sue ! – mais toujours ses plans étaient calculés dans le détail, comme à loisir, sans trouble ni désordre, fortement conçus,

---

27. Le texte, tel que nous l'avons, est inintelligible. – Antonin, originaire de Lanuvium, ville du Latium, avait été élevé à Lorium, petite bourgade à la frontière de l'Étrurie et du Latium, au N.-O. de Rome, sur la voie Aurélia. Il y possédait une maison de campagne, où il habitait souvent et où il mourut en 161.

bien concertés. On pourrait lui appliquer justement ce qu'on rapporte de Socrate, qu'il savait autant se priver que jouir de ces biens dont la privation rend faibles la plupart des gens, tandis que la jouissance les fait s'y abandonner. Sa force enfin et son endurance, et la tempérance dans l'un et l'autre cas, sont d'un homme possédant une âme équilibrée et invincible, comme il le montra durant la maladie dont il mourut.

17   Des Dieux : avoir eu de bons aïeuls, un bon père et une bonne mère, une bonne sœur, de bons maîtres, de bons familiers, des parents et des amis presque tous bons, et ne m'être jamais laissé aller à un manquement envers aucun d'eux, quoique, vu mon caractère, j'eusse bien pu en venir jusque-là, l'occasion aidant ; c'est donc un bienfait des Dieux, s'il ne s'est trouvé aucun concours de circonstances capable de me confondre ; n'avoir pas été élevé trop longtemps chez la concubine de mon grand-père ; avoir sauvegardé la fleur de ma jeunesse ; n'avoir pas fait prématurément acte de virilité ; avoir même dépassé le temps ; avoir été subordonné à un prince, mon père, qui devait m'enlever toute vanité et m'amener à comprendre qu'on peut vivre à la cour sans avoir besoin de gardes du corps, d'habits de parade, de lampadaires, de statues <et> d'autres choses analogues et du faste de cette sorte, qu'il est au contraire possible de se restreindre presque au train d'un particulier, sans cesser pour cela de tenir son rang ou négliger aucun des devoirs dont il faut s'acquitter en souverain au nom de l'État ; avoir eu un tel frère[28], capable par son caractère de m'inciter à prendre soin de moi-même et qui, en même temps, me charmait par ses égards et son affection ; avoir eu des enfants, ni mal doués, ni contrefaits,

---

28. Lucius Verus, frère d'adoption de Marc Aurèle. Sa conduite fut loin d'être exemplaire, mais l'empereur met en pratique sa maxime d'être plus attentif aux qualités des êtres qu'à leurs défauts.

ne m'être pas avancé bien loin dans la rhétorique, la poésie
et les autres études, qui m'eussent peut-être retenu, si j'avais
senti que j'y faisais de bons progrès ; avoir devancé les vœux
de mes maîtres en les établissant dans la dignité qu'ils me
semblaient ambitionner, sans admettre de délai ni me flatter
que, vu leur âge encore jeune, je pourrais plus tard réaliser
ce dessein ; avoir connu Apollonius, Rusticus, Maximus ;
m'être présenté clairement et maintes fois ce qu'est la vie
conforme à la nature, en sorte que, autant qu'il dépendait des
Dieux, des communications, des secours et des inspirations
qui venaient de leur part, rien dès lors ne m'empêchait de
vivre selon la nature ; si j'en suis encore loin, c'est par ma
faute et parce que je ne tiens pas compte des avertissements
que me donnent les Dieux, je devrais dire : de leurs leçons ;
la résistance prolongée de mon corps parmi une telle vie ;
n'avoir touché ni à Benedicta, ni à Theodotus[29] ; et, si plus
tard je fus atteint des passions de l'amour, m'en être guéri ;
si je me suis souvent fâché contre Rusticus, n'avoir rien fait
de plus dont je dusse me repentir ; que ma mère, destinée à
mourir jeune encore, passa du moins près de moi ses dernières
années ; que, si je voulais secourir un homme dans la gêne ou
qui, pour une autre raison, avait besoin d'aide, jamais on ne
me dit : il n'y a plus d'argent disponible ; et ne m'être jamais
trouvé à mon tour réduit à emprunter l'aide d'autrui ; avoir
eu une telle femme[30], si obéissante, si aimante, si simple !
avoir eu abondance de maîtres capables pour mes enfants ;
avoir reçu en songe révélation de divers remèdes et spécialement pour mes crachements de sang et mes vertiges et, à
ce propos, une sorte d'oracle à Gaète[31] ; que, quand je pris

---

29. Inconnus.
30. Faustine la Jeune, dont la réputation eut à souffrir de certains
historiens malveillants ou crédules : cf. Introduction.
31. Gaète, ville sur la côte du Latium.

goût à la philosophie, ce ne fut pas pour tomber aux mains d'un sophiste, ni pour m'appliquer à l'analyse d'auteurs ou de syllogismes, ni pour perdre du temps à la physique céleste. Tous ces bonheurs proviennent nécessairement des Dieux secourables et de la Fortune.

Chez les Quades, au bord du Gran[32].

---

32. Le Gran (nom moderne : Hron) est un affluent de gauche du Danube. Les Quades, établis à l'ouest de cette rivière (partie de la Slovaquie actuelle), étaient l'un des peuples germaniques que Marc Aurèle eut à contenir.

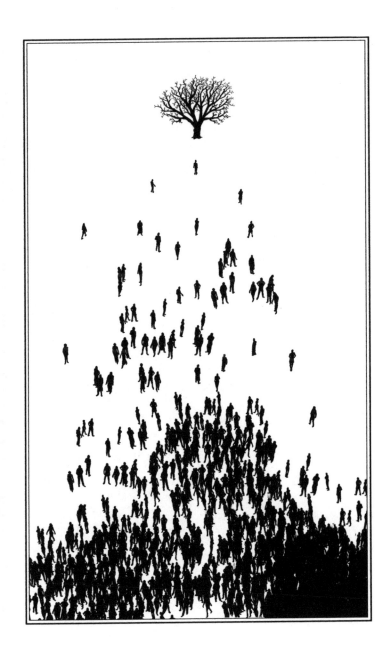

LIVRE II

1 Dès l'aurore, dis-toi d'avance : Je rencontrerai un indiscret, un ingrat, un fourbe, un envieux, un égoïste. Tous ces vices ont été causés en eux par l'ignorance des biens et des maux. Mais moi, ayant observé que la nature du bien, c'est le beau, et que celle du mal, c'est le honteux, et que la nature du pécheur lui-même est d'être mon parent, qui participe, non du même sang ou de la même semence, mais de l'intelligence et d'une parcelle de la divinité, je ne puis subir un dommage d'aucun d'entre eux, car il ne saurait me couvrir de honte. Je ne puis non plus me fâcher contre mon parent ni le haïr, car nous sommes faits pour coopérer, comme les pieds, les mains, les paupières, les deux rangées de dents, celle d'en haut et celle d'en bas. Agir en adversaires les uns des autres est donc contre nature. Or c'est traiter quelqu'un en adversaire que de s'emporter contre lui ou de s'en détourner.

2 Tout ce que je suis se réduit à ceci : la chair, le souffle, le guide intérieur[1]. Renonce aux livres, ne te laisse plus distraire, ce ne t'est plus permis ; mais à la pensée que tu es

---

1. Nous trouvons ici pour la première fois mention de l'élément principal qui constitue notre être. Ce *guide intérieur*, c'est la partie supérieure de l'âme, le centre de la vie spirituelle. Toute l'ascèse que prêche Marc Aurèle vise à libérer ce guide intérieur.

moribond, méprise la chair : elle n'est que de la boue et du sang, des os et un fin réseau de nerfs, de veines et d'artères. Vois aussi ce qu'est ton souffle : du vent, et non toujours le même, car à chaque instant tu le rejettes pour en aspirer d'autre à nouveau. Reste donc, en troisième lieu, le guide intérieur. Penses-y ! Tu es âgé ; ne permets plus qu'il demeure esclave, qu'il obéisse, comme une marionnette, aux instincts égoïstes, qu'il se fâche contre la destinée présente, ni qu'il appréhende celle à venir.

3 Les œuvres des Dieux font éclater une providence ; celles de la Fortune ne laissent pas de dépendre de la nature ou d'être tissées et entrelacées avec les événements régis par la providence. Tout découle de là. En outre, ce qui arrive est nécessaire et contribue à l'intérêt général de l'univers dont tu fais partie[2]. D'ailleurs, pour toute partie de la nature, le bien, c'est ce que comporte la nature universelle et ce qui est propre à la conserver. Or, le monde se conserve aussi bien par la transformation des composés que par celle des éléments. Que ces pensées te suffisent, qu'elles soient tou-jours pour toi des principes[3]. Et quant à ta soif de lecture, rejette-la, afin de mourir, non le murmure aux lèvres, mais vraiment satisfait et le cœur pénétré de la reconnaissance envers les Dieux.

4 Rappelle-toi depuis combien de temps tu remets à plus tard et que de fois, ayant obtenu des Dieux des renouvellements

---

2. Les dieux ne veulent rien que de bon, la nature ne fait rien que de bon et nécessaire. Quant à la fortune, elle est régie par la provi-dence et la nature : tout est donc pour le mieux. Cet optimisme est traditionnel dans le stoïcisme.

3. Il faut donner à ce terme un sens très fort, presque religieux. Les principes sont les vérités essentielles de la doctrine stoïcienne, les commandements premiers auxquels il faut obéir pour rester fidèle au système, les dogmes d'une philosophie qui, pour ses adeptes, avait la valeur d'une foi.

d'échéance, tu n'en profites pas. Il faut enfin comprendre dès maintenant de quel univers tu fais partie, de quel être, directeur du monde, tu es une émanation, et que ta vie est étroitement circonscrite dans le temps. Si tu ne profites pas de cet instant pour te rasséréner, il passera, tu passeras et ce ne sera plus possible.

5 À chaque heure applique-toi de tout ton soin, en Romain et en mâle, à faire ce que tu as sur les bras avec une gravité adéquate et sincère, avec amour, indépendance et justice ; et veille à te libérer de toutes les autres préoccupations. Tu t'en libéreras, si tu accomplis chaque action de ta vie comme si c'était la dernière, dépouillée de toute légèreté d'esprit, de répugnance passionnelle à l'empire de la raison, de fausseté, d'égoïsme, de dépit contre la destinée. Tu vois combien peu nombreux sont ces points dont il suffit de se rendre maître pour vivre une vie au cours prospère et dans la crainte des Dieux. Les Dieux, en effet, ne réclameront rien de plus à qui observe ces préceptes.

6 Déshonore-toi, déshonore-toi mon âme ! Et tu ne trouveras plus le temps de te traiter avec égards ! †Brève est la vie pour chacun ! Et la tienne est presque achevée, sans que tu te respectes toi-même, quand tu fais au contraire dépendre ton bonheur de ce qui se passe dans les âmes des autres !

7 Ne te laisse pas distraire pas les incidents qui surviennent du dehors ! Donne-toi du loisir pour apprendre encore quelque chose de bon et cesse de tourbillonner ! Il faut aussi te garder désormais de l'autre sorte d'égarements. Bien fous, en effet, ceux qui, à force d'actions, sont fatigués de la vie et n'ont pas un but où diriger tous leurs efforts et, en un mot, toutes leurs idées.

8 Il n'est pas facile de voir un homme qui soit malheureux faute de prêter attention à ce qui se passe dans l'âme d'autrui. Quant à ceux qui n'observent pas les mouvements de leur âme propre, il est fatal qu'ils soient malheureux.

9   Il faut toujours se rappeler ces points : quelle est la nature
du tout et quelle est la mienne ; quel rapport lie celle-ci
à celle-là ; quelle partie de l'univers je suis et quel il est ;
et que personne ne t'empêche de toujours agir et parler
conséquemment à la nature, dont tu fais partie.

10 C'est en philosophe qu'a jugé Théophraste[4], quand, dans sa
comparaison des fautes, il soutient, comme ferait tout homme
qui les comparerait d'après le sens commun, que les fautes
commises par concupiscence l'emportent en gravité sur celles
qui le sont par colère[5]. En effet, l'homme qu'enflamme la
colère éprouve évidemment une certaine peine et un secret
serrement de cœur, quand il se détourne ainsi de la raison.
Au contraire, quand on pèche par concupiscence, vaincu par
l'attrait du plaisir, on fait voir qu'on est quelque peu lâche
et efféminé en commettant ces fautes. À bon droit donc et
en philosophe digne de ce nom, Théophraste soutient que
les fautes commises par plaisir sont passibles de plus graves
reproches que celles qu'une peine accompagne. Bref, dans
un cas, le coupable ressemble à un homme victime d'une
injustice et qui est forcé par la peine éprouvée à entrer en
colère ; dans l'autre, au contraire, c'est de lui-même qu'il
s'est déterminé à être injuste, étant porté à agir ainsi par
concupiscence.

11 À l'idée que tu peux sur l'heure sortir de la vie, conforme
toujours tes actions, tes paroles, tes pensées. Prendre congé
des hommes, s'il y a des Dieux, n'a rien de redoutable, car
ceux-ci ne sauraient te plonger dans le malheur. Et s'ils
n'existent pas ou s'ils n'ont cure des choses humaines, que
m'importe de vivre dans un monde vide de Dieux ou vide

---

4. Disciple et successeur d'Aristote, et auteur des *Caractères*.
5. En faisant cette concession aux péripatéticiens, Marc Aurèle
s'écarte de la pure orthodoxie stoïcienne, pour qui toutes les fautes
étaient égales.

de providence ? Mais ils existent et ils ont souci des choses humaines et, afin qu'il fût loisible à l'homme de ne pas tomber dans les maux véritables, c'est à lui-même qu'ils en ont remis le plein pouvoir. En dehors de ces maux, si quelque chose était mauvais pour nous, ils eussent pris encore des mesures pour que chacun de nous fût maître de s'en préserver. Mais ce qui ne rend pas l'homme mauvais, comment cela pourrait-il rendre mauvaise la vie qu'il mène ? La nature universelle n'aurait pas laissé subsister un tel état de choses, soit par ignorance, soit, le connaissant, faute de pouvoir le prévenir ou y porter remède ; elle n'aurait pas, par impuissance ou incapacité, commis cette si lourde faute de faire échoir les biens dans la même mesure que les maux aux bons et aux méchants indistinctement. Or la mort et la vie, la gloire et l'obscurité, la douleur et le plaisir, la richesse et la pauvreté, tout cela échoit dans la même mesure aux hommes de bien et aux méchants, n'étant ni beau ni laid ; donc ce ne sont ni des biens ni des maux.

12 Comme tout s'évanouit vite, dans le monde les corps eux-mêmes et, dans le temps, leur souvenir. De quelle nature est tout ce qui tombe sous les sens, et surtout ce qui séduit par l'appât du plaisir ou effraie par l'idée de la douleur ou se proclame avec orgueil à tous les échos. Comme cela est vil, méprisable, grossier, périssable, mort à la faculté intelligente de s'en rendre compte. Que sont ces gens dont les opinions et les paroles <dispensent> la renommée ? Qu'est-ce que mourir ? Et ceci : si l'on envisage la mort elle-même isolément et si l'on dissipe, par l'analyse du concept, les fantômes qu'elle revêt, on n'aura plus d'elle d'autre opinion, sinon qu'elle est une œuvre de la nature. Or, si quelqu'un redoute une œuvre de la nature, c'est un enfant. Et non seulement c'est une œuvre de la nature, mais encore elle lui est utile. Comment l'homme touche à Dieu et par laquelle de ses parties et, c'est l'essentiel, comment est disposée cette partie de l'homme.

1 3   Rien n'est plus pitoyable que l'homme qui fait le tour de
tout, qui scrute, comme dit le <poète> , *les profondeurs de
la terre* [6], qui cherche par conjecture ce qui se passe dans
l'âme du prochain et qui ne s'aperçoit pas qu'il lui suffirait
d'être attentif uniquement au Génie[7] qui habite en lui et de
l'entourer d'un culte sincère. Ce culte consiste à le garder
pur de toute passion, de l'irréflexion et d'humeur pour ce
qui vient des Dieux et des hommes. En effet, ce qui vient
des Dieux est respectable à cause de leur suprématie et ce qui
vient des hommes nous est cher à cause de notre parenté ;
et parfois même c'est digne, en un sens, de pitié[8], à cause
de leur ignorance des biens et des maux – non moindre
infirmité que celle qui prive de distinguer le blanc du noir.

1 4   Dusses-tu vivre trois fois mille ans, et même autant de fois
dix mille, souviens-toi toujours que personne ne perd d'autre
existence que celle qu'il vit et qu'on ne vit que celle qu'on
perd. Ainsi la plus longue et la plus courte reviennent au
même. Le présent est égal pour tous et ce qu'on perd est donc
égal <aussi> et ce qu'on perd apparaît de la sorte infinitésimal. On ne saurait perdre, en effet, le passé ni l'avenir, car ce
que nous n'avons pas, comment pourrait-on nous le ravir ?
Souviens-toi donc toujours de ces deux choses : d'abord,

---

6. Pindare, cité par Platon, *Théétète*, 173 e.

7. Le *Génie* dont il est question ici n'est pas l'être intermédiaire
entre les dieux et les hommes, objet de la foi populaire, mais l'âme
en tant que fragment détaché de la divinité, la raison individuelle en
tant qu'émanation de la raison universelle. Le *Génie* s'identifie en fait
avec le guide intérieur dont il a été question précédemment. La seule
différence, c'est que ce terme met davantage l'accent sur le lien qui
unit l'homme à la divinité.

8. Les stoïciens condamnaient la pitié comme une faute ; mais le
rigorisme primitif s'est tempéré d'humanité. Comme Sénèque et
comme Épictète surtout, Marc Aurèle a adopté la thèse socratique
que la faute morale est le fruit de l'ignorance et qu'à ce compte la
pitié s'impose à l'égard de ceux qui font mal.

que tout, de toute éternité, est d'aspect identique et repasse par les mêmes cycles, et qu'il n'importe qu'on assiste au même spectacle pendant cent ou deux cents ans ou toute l'éternité ; ensuite que l'homme le plus chargé d'années et celui qui mourra le plus tôt font la même perte, car c'est du moment présent seul qu'on doit être privé, puisque c'est le seul qu'on possède, et qu'on ne peut perdre ce qu'on n'a pas.

15 *Tout n'est que vaine opinion*[9]. – Évidentes sont les paroles attribuées au cynique Monimos, évident aussi le profit qu'on peut tirer de ce qui y est dit, si l'on en agrée la saveur dans la limite où c'est vrai.

16 L'âme de l'homme se déshonore surtout, quand, autant qu'il dépend d'elle, elle devient un abcès et comme une excroissance du monde. En effet, se fâcher contre un des événements qui surviennent, c'est une désertion par rapport à la nature, dont font partie les natures de chacun des autres êtres qu'elle embrasse. L'âme se déshonore encore, quand elle prend un homme en aversion ou qu'elle se porte même contre lui avec l'intention de lui nuire, par exemple les âmes de ceux qui se mettent en colère. En troisième lieu, elle se déshonore, quand elle est vaincue par le plaisir ou la douleur. En quatrième lieu, quand elle dissimule, qu'elle feint et qu'elle altère la vérité en action ou en parole. En cinquième lieu, quand elle laisse aller son activité ou son initiative sans but, qu'elle exécute quoi que ce soit au hasard et sans suite, alors que les moindres de nos actions devraient satisfaire au rapport de finalité. Or la fin des êtres raisonnables, c'est d'obéir à la raison et à la loi de la plus auguste des cités et des républiques.

17 Dans la vie de l'homme, la durée, un point ; la substance, fluente ; la sensation, émoussée ; le composé de tout le corps,

---

9. Fragment de Ménandre, cité par Diogène Laërce (VI, 82) à propos de Monimos, disciple de Diogène le Cynique et de Cratès.

prompt à pourrir ; l'âme, tourbillonnante ; la destinée, énigmatique ; la renommée, quelque chose d'indiscernable. En résumé, tout ce qui est du corps, un fleuve ; ce qui est de l'âme, songe et vapeur ; la vie, une guerre, un exil à l'étranger ; la renommée posthume, l'oubli. Qu'est-ce donc qui peut nous guider ? Une seule et unique chose, la philosophie. Et celle-ci consiste à veiller sur le Génie intérieur, pour qu'il triomphe des plaisirs et des peines, qu'il ne fasse rien à la légère, qu'il s'abstienne du mensonge et de la dissimulation, qu'il n'ait pas besoin que les autres fassent ou ne fassent pas ceci ou cela ; en outre, qu'il accepte ce qui arrive et constitue sa part, comme venant de cette origine quelconque d'où lui-même est venu ; surtout qu'il attende la mort en de favorables dispositions, n'y voyant rien que la dissolution des éléments dont est formé chaque être vivant. S'il n'est rien de redoutable pour les éléments eux-mêmes dans cette transformation continuelle de chacun d'eux en un autre, pourquoi craindrait-on la transformation et la dissolution du tout ? C'est conforme à la nature. Or rien n'est mal de ce qui est conforme à la nature.

À Carnuntum[10]

---

10. Station militaire sur la rive droite du Danube, résidence habituelle de Marc Aurèle pendant la campagne de 170-174.

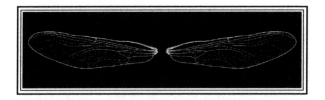

LIVRE III

1 Il ne faut pas seulement tenir compte de ce que la vie se dépense chaque jour et que la part restante décroît à mesure. Il faut encore tenir compte de ceci. À supposer qu'un homme doive vivre bien longtemps, ce point en tout cas reste obscur : sait-on si son intelligence suffira par la suite, sans défaillance, à comprendre les questions et la théorie qui tend à la connaissance des choses divines et humaines ? S'il commence à tomber en enfance, la respiration, l'alimentation, l'imagination, les élans impulsifs et toutes les autres fonctions de cet ordre ne feront pas défaut ; mais disposer de soi, satisfaire exactement à toutes les exigences morales, analyser les apparences, examiner même s'il n'est pas temps de vider les lieux, pourvoir à tous autres besoins de cette sorte qui nécessitent un raisonnement bien exercé, tout cela s'éteint plus tôt. Il faut donc se hâter, non seulement parce qu'on se rapproche de la mort à chaque instant, mais encore parce qu'on perd avant de mourir la capacité de concevoir les choses et d'y prêter attention.

2 Il faut encore ne pas perdre de vue les vérités comme celle-ci : il n'est pas jusqu'aux circonstances accessoires des productions naturelles qui n'aient quelque chose de gracieux et d'engageant. Par exemple, le pain que l'on cuit se craquelle par endroits. Or les fentes ainsi formées, qui démentent, pour ainsi dire, ce que promettait l'art du boulanger, offrent un

certain agrément et excitent l'appétit d'une manière toute spéciale. C'est ainsi encore que les figues bien mûres s'entrouvrent et, dans les olives mûres qu'on laisse sur l'arbre, ce sont justement les approches de la pourriture qui donnent au fruit une beauté toute spéciale. De même les épis qui penchent vers la terre, les plis qui sillonnent la peau du front chez le lion, l'écume qui file au groin du sanglier, beaucoup d'autres choses encore, si on les considère isolément, sont loin d'être belles. Néanmoins, du fait qu'elles accompagnent les œuvres de la nature, elles contribuent à les embellir et sont attrayantes. Ainsi un homme doué de sensibilité et d'une intelligence capable de pénétrer ce qui se passe dans le tout, ne trouvera, pour ainsi dire, rien, même en ce qui arrive par voie de conséquence, qui ne comporte une certaine grâce spéciale. Cet homme ne prendra pas moins de plaisir à voir dans la réalité la gueule béante des fauves qu'à toutes les imitations qu'en montrent les peintres et les sculpteurs. Même chez la vieille femme et le vieillard, son œil avisé pourra découvrir une certaine perfection, une beauté de saison ; et de même le charme aimable de l'enfant. Beaucoup d'autres cas semblables que n'admettrait pas le premier venu, mais seulement l'homme vraiment familiarisé avec la nature et ses ouvrages, se rencontreront[11].

3 Hippocrate, ayant guéri bien des maladies, tomba lui-même malade et mourut. Les Chaldéens[12], qui avaient prédit la mort d'un grand nombre d'hommes, furent atteints à leur tour par le destin. Alexandre, Pompée et Caius César, après avoir détruit tant de fois des villes entières de fond en comble et

---

11. Ces notes prouvent que Marc Aurèle a profité des leçons de son maître, le peintre Diognète. Découvrir le beau jusque dans les incongruités de la nature est surtout une des formes de l'optimisme stoïcien : rapprocher VIII, 50.

12. Hippocrate de Cos, célèbre médecin du Vᵉ siècle av. J.-C. Les astrologues chaldéens étaient très réputés pour leurs prédictions.

taillé en pièces dans des batailles rangées cavaliers et fantassins par dizaines de mille, eux aussi quittèrent enfin cette vie. Héraclite[13], après tant de savantes études sur l'embrasement final du monde, rempli d'eau à l'intérieur et la peau tout enduite de bouse, trépassa. Démocrite[14], ce fut la vermine : Socrate, c'est une autre vermine qui le fit périr. Qu'est-ce à dire ? Tu t'es embarqué, tu as fait la traversée, tu es rendu au port : débarque ! Si c'est pour entrer dans une nouvelle existence, là non plus rien n'est vide de dieux. Si c'est pour être dans l'insensibilité, tu cesseras donc de supporter la peine et le plaisir et de servir une enveloppe d'autant plus vile † que la partie subordonnée lui est supérieure : l'une est intelligence et divinité, l'autre n'est que boue et sang impur.

4   N'use pas la part de vie qui t'est laissée à imaginer ce que fait autrui, à moins que tu ne te proposes quelque fin utile à la communauté. Ou bien en effet tu te prives d'accomplir une autre tâche, je veux dire : en cherchant à imaginer ce que fait Untel, et pourquoi, ce qu'il dit, ce qu'il pense, les plans qu'il combine, et autres occupations de ce genre, qui te font tourbillonner et négliger ton guide intérieur. Il faut donc éviter de laisser passer dans la chaîne de nos idées ce qui est téméraire et vain, et, avant tout, la futilité et la méchanceté. Il faut t'accoutumer à n'avoir que des idées telles que, si l'on te demandait brusquement : À quoi penses-tu ? tu puisses répondre sur-le-champ et en toute franchise : À ceci, ou : À cela. On verrait ainsi sur l'heure et avec évidence que tout en toi est simple, bienveillant, digne d'un être sociable et indifférent aux images que suscite en nous la volupté et, en

---

13. Diogène Laërce rapporte qu'Héraclite, atteint d'hydropisie, s'était enduit de fumier et exposé au soleil, pour faire évaporer l'eau de son corps. Il en mourut.
14. D'après Diogène Laërce encore, Démocrite mourut de vieillesse. C'est Phérécyde qui mourut rongé par la vermine.

un mot, la jouissance, ou bien encore à la jalousie, à l'envie, à la défiance et à toute autre passion, dont tu rougirais d'expliquer que ton âme est possédée. L'homme qui se montre tel, qui, sans plus différer, s'efforce de prendre place désormais parmi les meilleurs, est comme un prêtre et un ministre des Dieux, spécialement attaché au culte de celui qui a établi sa demeure dans son sein ; et cela le préserve des souillures de la volupté, le fait invulnérable à toutes les douleurs, garanti contre tout excès, inaccessible à tout sentiment de méchanceté, athlète de la lutte la plus glorieuse, celle qui repousse victorieusement l'assaut de toute passion, imprégné à fond de justice, chérissant de tout son cœur les événements et tout ce qui forme son lot. Jamais, sinon par nécessité absolue et pour le bien public, il ne cherche à imaginer ce qu'un autre peut dire, faire ou penser. † Il ne met en œuvre que ce qui est sa tâche et il pense sans cesse à la part du tout dont sa vie est tissée : sa tâche, il s'en acquitte honorablement ; sa part, il est persuadé qu'elle est bonne. Et en effet, la destinée attribuée à chacun est entraînée avec l'ensemble des choses en même temps qu'elle les entraîne. Il se souvient aussi que tous les êtres raisonnables sont parents, qu'il est conforme à la nature de l'homme de prendre soin de tous les hommes, qu'il ne faut pas s'attacher à l'estime du vulgaire, mais de ceux-là seulement dont la manière de vivre s'accorde avec la nature. Quant à ceux qui vivent autrement, il ne cesse de se représenter quels ils sont chez eux et au-dehors, la nuit et le jour, et à quelles gens ils se mêlent. Il ne fait donc point cas de l'approbation qui peut venir de tels hommes, qui ne sont même pas satisfaits d'eux-mêmes.

5 Quand tu agis, que ce ne soit pas de mauvais gré, ni d'une manière insociable, ni sans mûr examen, ni tiraillé à contresens. N'enjolive pas ta pensée. Parle peu, embrasse peu d'affaires. En outre, que le Dieu qui demeure en toi commande à un être mâle, respectable, dévoué à la cité, qui soit un Romain et un chef, qui ait tout réglé en lui-même, comme serait

l'homme qui attendrait le signal pour sortir de la vie, sans lien qui le retienne, sans besoin de serment ni de personne pour témoin. En outre, il conserve sa sérénité et il se passe d'aide extérieure et il se passe de la tranquillité procurée par d'autres. Il faut donc être droit, non redressé.

6 Si tu trouves dans la vie humaine un bien supérieur à la justice, à la sincérité, à la tempérance, au courage, au bien, en un mot, d'une intelligence qui s'estime satisfaite d'elle-même, en tant qu'elle rend ta conduite conforme à la droite raison, et satisfaite de sa destinée, dans l'ordre des choses soustraites à notre choix et réparties par le sort ; si, dis-je, tu découvres un bien supérieur, tourne-toi de ce côté de toute ton âme et jouis de ce suprême bien que tu découvres. Mais s'il ne t'apparaît rien de supérieur au Génie qui a établi sa demeure en toi, qui s'est subordonné les instincts personnels, qui contrôle les idées, qui s'est arraché, comme disait Socrate[15], aux passions sensuelles, qui se soumet aux Dieux et se préoccupe de faire du bien aux hommes ; si tu trouves tout le reste, auprès de lui, mesquin et de peu de prix, ne laisse place en toi à aucun autre soin, car une fois que tu te serais laissé attirer et détourner par lui, tu ne pourrais plus sans violents efforts estimer plus que tout ce bien suprême, qui t'est propre, qui est tien. Il n'est pas permis, en effet, d'opposer au bien selon la raison et la cité quoi que ce soit d'étranger à sa nature, par exemple : l'approbation de la foule, le pouvoir, les richesses, les jouissances des plaisirs. Toutes ces choses, pendant un temps, peuvent sembler convenir à notre nature ; puis soudain elles prennent le dessus et nous entraînent à la dérive. Pour toi donc, dis-je, choisis

---

15. C'est dans le *Phédon* (63 e *sq.*) que Socrate montre l'effort du philosophe pour s'arracher aux passions sensuelles et se tourner vers le divin.

franchement, librement, le bien supérieur et ne le lâche pas ! – Mais le bien, c'est l'intérêt. – S'il s'agit de ton intérêt, en tant qu'être raisonnable, observe-le. Mais s'il ne concerne que la partie animale, déclare-le et, sans orgueil, garde ton jugement ! Tâche seulement de faire cet examen sans broncher.

7 N'estime jamais comme étant de ton intérêt ce qui te forcera un jour à violer ta foi, renoncer à la pudeur, haïr, soupçonner, maudire quelqu'un, user de fourberies, convoiter ce qui a besoin d'être caché par des murs et des rideaux. L'homme qui a préféré à tout son intelligence et son Génie et les mystères du culte dû à l'éminente dignité de celui-ci, cet homme ne joue pas la tragédie, ne pousse pas de gémissements, se passe aussi bien de la solitude que de la foule ; suprême avantage, il vivra sans rechercher ni fuir quoi que ce soit. Qu'il ait un plus ou moins long intervalle de temps à jouir de ce souffle qu'entoure son corps, il n'en a cure. Faut-il le quitter dès maintenant ? Il partira d'un pas aussi dégagé que pour toute autre des opérations qu'on peut accomplir avec discrétion et décence. La seule chose à laquelle il veille pendant tout le cours de sa vie, c'est de préserver son intelligence d'une déformation contraire à la nature d'un être raisonnable <et> sociable.

8 Dans l'intelligence de l'homme qui s'est châtié et purifié à fond, on ne saurait trouver rien d'infecté, ni de souillé, ni de mal guéri sous cicatrice. Sa vie n'est pas inachevée, quand le destin la prend, comme on dirait de l'acteur tragique qui s'en irait sans avoir terminé son rôle ni joué jusqu'au dénouement. En outre, rien de servile en lui, ni d'affecté, ni de trop attaché ou détaché, rien de soumis à reddition de comptes, ni de terré en un trou.

9 Vénère ta faculté d'opinion. Tout dépend d'elle, pour qu'il n'existe jamais, dans le guide intérieur, d'opinion en désac-cord avec la nature et avec la constitution de l'être raison-

nable. C'est elle qui garantit l'absence de précipitation, les bons rapports avec les hommes et l'accord avec les Dieux.

10 Rejette donc tout le reste pour ne retenir que ces quelques préceptes. Et souviens-toi encore que chacun ne vit que le présent, cet infiniment petit. Le reste, ou bien il est déjà vécu, ou bien est incertain. Minime est donc l'instant que chacun vit, minime le coin où il le vit, minime aussi la plus longue gloire posthume. Et encore celle-ci n'existe-t-elle que par relais de pygmées, qui mourront à peine nés, qui ne se connaissent pas eux-mêmes, ni encore moins l'homme mort depuis longtemps.

11 Aux préceptes susdits qu'un autre encore s'ajoute : définir et décrire toujours l'objet dont l'image se présente à l'esprit, de sorte qu'on le voie distinctement, tel qu'il est par essence, à nu, en entier † sous toutes ses faces ; et se dire en soi-même son nom et les noms des éléments dont il fut composé et en lesquels il se résoudra. Rien, en effet, n'est à ce point capable de nous faire l'âme grande, comme de pouvoir identifier avec méthode et vérité chacun des objets qui se présentent dans la vie et de les voir toujours de telle manière que l'on considère en même temps à quelle sorte d'univers chacun confère utilité, et laquelle, quelle valeur il a par rapport à l'homme, ce citoyen de la plus éminente des cités, dont les autres cités sont comme les maisons ; quel il est, de quels éléments il est composé, combien de temps il doit naturellement durer, cet objet qui cause cette image en moi, et de quelle vertu j'ai besoin par rapport à lui, par exemple : de la douceur, du courage, de la sincérité, de la bonne foi, de la simplicité, de la maîtrise de soi, et caetera. C'est pourquoi il faut dire à propos de chacun d'eux : ceci me vient de Dieu ; cela, de l'enchaînement, de la trame serrée des événements et de la rencontre ainsi produite par coïncidence et hasard ; ceci encore me vient d'un être de ma race, mon parent et mon associé. Il ignore sans doute

31

ce qui est pour lui conforme à la nature ; mais moi, je ne l'ignore pas et c'est pourquoi j'en use avec lui selon la loi naturelle d'association, avec bienveillance et justice. Je ne laisse pas toutefois de viser en même temps, dans les choses indifférentes, le degré de valeur[16].

12 Si tu accomplis la tâche présente suivant la droite raison, avec zèle, vigueur, bonne humeur et sans préoccupation accessoire ; si, d'autre part, tu conserves ton Génie constamment pur, comme s'il fallait le rendre sur l'heure ; si tu y joins cette condition de ne rien attendre ni rien éviter ; s'il te suffit de l'action présente conforme à la nature et, dans tous tes moindres propos, de la sincérité héroïque[17], tu vivras heureux. Et personne n'est capable de t'en empêcher.

13 Comme les médecins ont toujours sous la main leurs appareils et leurs trousses pour les soins à donner d'urgence, de même tiens toujours prêts les principes grâce auxquels tu pourras connaître les choses divines et humaines et faire voir à chacune de tes actions, même les moindres, que tu te rappelles l'enchaînement réciproque de ces deux ordres de questions ; car on ne saurait bien faire rien de ce qui intéresse les hommes, si on ne le rapporte aux choses divines, et inversement.

14 Ne vagabonde plus. Tu n'es plus destiné à relire tes notes, ni les histoires anciennes des Romains et des Grecs, ni les extraits de traités que tu réservais pour tes vieux jours. Hâte-toi donc au but, dis adieu aux vains espoirs et viens-toi en aide, si tu te soucies de toi-même, tant que c'est encore possible.

---

16. Théoriquement, les choses *indifférentes* n'avaient pour les stoïciens aucune valeur morale, mais ils furent amenés de bonne heure à distinguer, parmi elles, celles qui ont de la valeur, parce que conformes à la nature, comme la vie, la santé, la richesse, et celles qui ont de la « contre-valeur » et doivent être évitées. Marc Aurèle vise ici la première classe des choses indifférentes.

17. Si le mot *héroïque* est à conserver, il veut dire *antique*.

15 On ne sait pas toutes les acceptions de ces mots : dérober, semer, acheter, rester en repos, voir ce qu'il faut faire ; ce qui ne se peut avec les yeux, mais grâce à un autre sens de la vue.

16 Corps, âme, intelligence. Au corps, les sensations ; à l'âme, les instincts ; à l'intelligence, les principes. Recevoir des impressions par le moyen des idées, les bestiaux aussi en sont capables. Être tiraillés comme des marionnettes par les instincts, les bêtes féroces, les androgynes, les Phalaris, les Néron aussi en sont capables. Prendre l'intelligence pour guide vers ce qui paraît être des devoirs, ceux-là aussi en sont capables qui n'honorent pas les Dieux, trahissent leur patrie, commettent <toutes les turpitudes>, une fois les portes closes. Si donc tout le reste est commun aux êtres susdits, le privilège de l'homme de bien est d'accueillir avec satisfaction et amour ce qui lui arrive et est ourdi dans la trame de sa vie ; c'est de ne pas laisser mêler ni troubler dans la foule des idées le Génie qui a établi sa demeure dans sa poitrine ; c'est de veiller à ce qu'il se conserve satisfait, à ce qu'il obéisse, comme il sied, à Dieu, sans commettre une parole contraire à la vérité, ni une action contraire à la justice. Si tous les hommes se refusent à croire qu'il vit avec droiture, modestie et bonne humeur, il ne s'en prend à personne et il ne dévie pas du chemin qui conduit au terme de la vie, terme qu'on doit atteindre pur, calme, libre d'entraves et s'accordant sans contrainte avec sa destinée.

LIVRE IV

1   Le maître intérieur[18], quand il se conforme à la nature, prend en face des événements une attitude telle qu'il puisse toujours la modifier sans peine, selon qu'il lui est donné. Il n'a de préférence pour aucune matière déterminée ; il se porte aux principaux objets, mais sous réserve, et, si quelque autre se rencontre au lieu des premiers, il en fait sa matière, comme le feu, quand il se saisit des corps qui tombent sur lui, alors qu'un lumignon en serait étouffé. Au contraire, un feu ardent a vite fait d'assimiler ce dont on le charge ; il le consume et il y acquiert même de quoi s'élever plus haut.

2   N'entreprends aucune action au hasard ni d'une autre manière que d'après l'un des préceptes qui parachèvent l'art.

3   On se cherche des retraites à la campagne, au bord de la mer, à la montagne ; et toi aussi, tu as coutume de désirer ces sortes de choses au plus haut point. Mais tout cela marque une grande simplicité d'esprit, car on peut, à toute heure de son choix, se retirer en soi-même. Nulle part on ne trouve de retraite plus paisible, plus exempte de tracas, que dans son âme, surtout quand elle renferme de ces biens sur lesquels il suffit de se pencher pour recouvrer aussitôt toute liberté d'esprit ;

---

18. Le maître intérieur, comme le guide intérieur (II, 2), désigne la partie supérieure de l'âme.

et par liberté d'esprit, je ne veux dire autre chose que l'état d'une âme bien ordonnée. Accorde-toi donc constamment cette retraite et renouvelle-toi. Mais qu'il s'y trouve de ces maximes concises et essentielles, qui, rencontrées d'abord, excluront tout ennui et te renverront guéri de ton irritation au milieu où tu retournes. Et qu'est-ce donc qui t'irrite ? La méchanceté des hommes ? Reporte-toi à ce jugement, que les êtres raisonnables sont faits les uns pour les autres ; et <à ceux-ci :> que la patience est une partie de la justice, que leurs fautes sont involontaires ; <compte> tous ceux qui, jusqu'ici, après s'être brouillés à mort, soupçonnés, haïs, transpercés de leurs lances, sont étendus dans la tombe et réduits en cendres ; – et calme-toi enfin !

Mais peut-être es-tu mécontent du lot qui t'est assigné dans l'ensemble ? Remémore-toi la disjonctive : ou une providence ou des atomes, et toutes les preuves par lesquelles on t'a démontré que le monde est comme une cité.

Mais ce qui intéresse ton corps aura encore prise sur toi ? Considère que l'intelligence ne se mêle pas aux agitations, ou douces ou violentes, du souffle, une fois qu'elle s'est reprise et qu'elle a reconnu son pouvoir ; et enfin tout ce qu'on t'a enseigné sur la douleur et le plaisir, à quoi tu as donné ton assentiment.

Mais peut-être est-ce la gloriole qui te tourmentera ? Détourne les yeux sur la promptitude de l'oubli où tombent toutes choses, et sur le gouffre du temps infini, de part et d'autre ; sur la vanité du bruit qu'on fait, la versatilité et l'irréflexion de ceux qui ont l'air d'applaudir, les limites étroites où c'est circonscrit : Toute la terre n'est qu'un point et, sur ce point, combien est réduite cette partie qui est habitée ! Et là, combien d'hommes, et quels hommes ! chanteront tes louanges ! Bref, souviens-toi de la retraite que tu peux faire en ce petit coin de terre, qui est tien. Et surtout, pas d'agitation, ni de raideur ! Sois libre et examine les choses en homme de cœur, en homme raisonnable, en citoyen, en être mortel. Parmi les

maximes tenues à ta portée, sur lesquelles tu te pencheras,
qu'il y ait ces deux-ci : D'abord, les choses n'atteignent pas
l'âme, elles demeurent au-dehors, immobiles ; les troubles ne
proviennent que de l'opinion intérieure. En second lieu, tout
ce spectacle que tu vois, en un clin d'œil il va se transformer,
cesser d'être. Et que de choses dont les transformations t'ont
déjà eu toi-même pour témoin, penses-y constamment !
Le monde n'est que changement ; la vie n'est qu'opinion[19].

4   Si l'intelligence nous est commune, la raison, qui fait de nous
des êtres raisonnables, nous est commune. Ceci admis, nous
est de même commune cette raison dont c'est le rôle de pres-
crire ce qu'il faut faire ou non. Ceci admis, la loi aussi nous est
commune. Ceci admis, nous sommes concitoyens. Ceci admis,
nous faisons partie d'un même corps politique commun. Ceci
admis, le monde est comme une cité. De quel autre corps politique commun dira-t-on, en effet, que tout le genre humain
fait partie ? C'est de là-haut, de cette cité commune, que nous
viennent l'intelligence elle-même, la raison et la loi ; sinon,
d'où viendraient-elles ? Comme, en effet, ce qui est terrestre
en moi a été prélevé sur une certaine terre, la partie liquide sur
un autre élément, le souffle à une autre source, la chaleur et le
feu à une autre source encore, qui leur est propre – car rien ne
vient du néant, comme rien ne retourne au néant – de même
donc l'intelligence est venue de quelque part.

5   La mort est, au même titre que la naissance, un mystère de la
nature. L'une est la combinaison des mêmes éléments qui, dans
l'autre, se dissolvent en les mêmes. En somme, il n'y a rien là
dont on doive être humilié, car ce n'est nullement contraire à
la condition de l'être intelligent ni au plan de sa constitution.

6   Ces choses-là, étant donné ceux qui les font, se produisent
naturellement ainsi, de nécessité. S'y refuser, c'est refuser au

19. Pensée de Démocrite, philosophe contemporain de Socrate.

figuier d'avoir du suc. En somme, rappelle-toi ceci : en un rien de temps, toi et lui, vous serez morts ; et bientôt rien ne restera de vous, pas même votre nom.

7 Supprime l'opinion et voilà supprimé : « on m'a fait tort ». Supprime : « on m'a fait tort » et voilà le tort supprimé.

8 Ce qui ne rend pas l'homme pire n'empire pas non plus sa vie et ne lui nuit ni du dehors, ni du dedans.

9 La nature de l'utile a précisément cela comme effet nécessaire[20].

10 Tout ce qui arrive, arrive justement. Tu le découvriras, si tu observes avec exactitude. Je ne dis pas seulement : selon le rapport de conséquence, mais encore : suivant la justice, et comme si quelqu'un attribuait les lots eu égard au mérite. Continue donc d'observer, comme tu as commencé, et, quoi que tu fasses, fais-le avec cette intention, à savoir : d'être un homme de bien. Sauvegarde cette règle en tout ce que tu entreprends.

11 Ne te range pas aux opinions que l'insolent juge vraies ou qu'il veut te faire juger vraies, mais examine-les en elles-mêmes, pour ce qu'elles sont réellement.

12 Il faut toujours tenir prêtes ces deux règles de conduite : d'abord de n'accomplir que ce qu'inspire pour le bien des hommes la raison de la faculté royale et législative[21] ; puis de te ranger à un autre parti, si quelqu'un est là pour te redresser et te faire abandonner ta manière de voir. Mais il faut que cet abandon ait toujours pour cause une certaine vraisemblance de justice ou d'utilité sociale et telles doivent être, exclusivement, les raisons déterminantes, non l'apparence que ce soit agréable ou glorieux.

---

20. Si le texte est correct, *cela* veut dire *l'utile*.
21. La faculté royale et législative désigne encore la partie supérieure de l'âme.

13 Possèdes-tu la raison ? – Oui. – Pourquoi donc ne t'en sers-tu pas ? Si elle s'acquitte de sa fonction, que veux-tu de plus ?

14 Tu as été formé comme partie. Tu t'évanouiras dans ce qui t'a donné naissance ou plutôt tu seras repris dans sa raison génératrice par transformation.

15 Entre de nombreux grains d'encens mis sur le même autel, l'un tombe avant les autres, l'autre plus tard. Cela n'a aucune importance.

16 Avant dix jours tu leur paraîtras un dieu, quand tu n'es pour eux maintenant qu'une bête féroce et un singe ; mais c'est à condition de retourner aux principes et au culte de la raison.

17 Ne fais pas comme si tu devais vivre dix mille ans. L'iné-vitable est suspendu sur toi. Tant que tu vis, tant que c'est possible, deviens homme de bien.

18 Que de loisirs on gagne, si l'on ne regarde pas ce que le voisin a dit, fait ou pensé, mais seulement ce qu'on fait soi-même, afin que cette action-là même soit juste, sainte et, en tout, conforme au bien. Ne prends pas garde au caractère méchant, mais cours droit à la ligne de but, sans jeter les yeux de tous côtés.

19 L'homme qu'enchante la gloire posthume ne s'ima-gine pas que chacun de ceux qui se souviendront de lui mourra bientôt lui aussi, puis à son tour celui qui aura pris la place vacante, jusqu'à ce que tout souvenir de lui soit complètement éteint, en passant de l'un à l'autre, <flambeaux> qui s'allument et s'éteignent. Mais suppose immortels ceux qui se souviendront de toi, et immortelle ta mémoire : qu'est-ce que cela te fait ? Et je ne dis pas qu'au mort cela ne sert à rien ; mais au vivant, à quoi sert la louange ? – À moins sans doute qu'elle ne soit un moyen de gouvernement. – Abandonne comme hors de propos pour le moment ce don que nous fait la nature ; il a trait à un autre point de vue.

[20] D'ailleurs, tout ce qui est beau de quelque manière est beau de soi ; il est complet de soi ; n'ayant pas l'éloge comme partie intégrante de soi. L'objet qu'on loue n'en devient donc ni pire ni meilleur. Et je dis cela aussi de ceux qu'on qualifie communément de beaux, par exemple les objets matériels et les produits de l'industrie. Ce qui est beau essentiellement, de quelle autre chose a-t-il besoin, non plus que la loi, non plus que la vérité, non plus que la bienveillance, la pudeur ? Laquelle de ces vertus est-elle belle parce qu'on la loue, ou se gâte-t-elle quand on la critique ? L'émeraude perd peut-être de son prix faute de louange ? Et l'or, l'ivoire, la pourpre, une lyre, une épée, une fleur, un arbre ?

21 Si les âmes survivent, comment, depuis l'éternité, l'air peut-il les contenir ? Et comment la terre peut-elle contenir les corps qu'on ensevelit depuis tant de siècles ? C'est que, comme ici-bas les corps, après avoir subsisté quelque temps, se transforment et se décomposent pour faire place à d'autres cadavres, de même les âmes qui émigrent dans l'air, après s'y être conservées quelque temps, se transforment, se répandent et s'embrasent dans l'universelle raison génératrice qui les reprend, et, de cette façon, permettent à d'autres âmes de venir occuper leur place. Voilà ce qu'on pourrait répondre dans l'hypothèse que les âmes survivent. Et il ne faut pas considérer seulement la foule des corps qu'on ensevelit ainsi, mais encore celle des animaux dont nous faisons notre nourriture journalière, ainsi que les autres espèces. Combien d'êtres sont consommés ainsi et ont, si l'on peut dire, pour tombeau les corps de ceux qui s'en alimentent ! Et cependant il y a place pour eux, parce qu'ils passent dans le sang, qu'ils se transforment en air ou en feu. Comment sur ce point connaître la vérité ? Par la distinction entre la matière et la cause formelle[22].

---

22. Les stoïciens distinguaient la cause efficiente, qui fait que j'existe, et la cause formelle, qui fait que j'ai forme d'homme.

22 Ne pas tourbillonner ; mais, à tout élan de l'instinct, manifester la justice ; à toute idée qui se présente, sauvegarder la faculté compréhensive[23].

23 Je m'accommode de tout ce qui peut t'accommoder, ô monde ! Rien n'arrive trop tôt ou trop tard pour moi de ce qui est à point pour toi. Tout est fruit pour moi de ce que produisent tes saisons, ô nature ! Tout vient de toi, tout est à toi, tout rentre en toi. Cet autre dit : « Ô chère cité de Cécrops[24]. » – Et toi, ne diras-tu pas : « Ô chère cité de Zeus ? »

24 « *Traite peu d'affaires*, dit-on, *si tu veux te conserver en bonne humeur*[25]. » Ne vaudrait-il pas mieux faire le nécessaire et tout ce que prescrit la raison de l'être naturellement sociable, et comme elle prescrit de le faire ?
De cette manière tu récolteras non seulement la bonne humeur qui provient du devoir accompli, mais encore celle qui provient d'une activité modérée. En effet, la plupart de nos paroles et de nos actions n'étant pas indispensables, si on les retranche, on n'en a que plus de loisir et de tranquillité. C'est pourquoi il faut, en toute occasion, se remettre en mémoire : Ceci ne serait-il pas une des choses qui ne sont pas indispensables ? Et non seulement il faut retrancher les actions qui ne seraient pas indispensables, mais il faut aussi élaguer des idées. De cette manière, bien des actions qu'elles entraîneraient ne s'ensuivront pas non plus.

---

23. Il faut interpréter cette pensée par la théorie stoïcienne de la connaissance. « Sauvegarder la faculté compréhensive », c'est ne donner son assentiment qu'à des représentations compréhensives, c'est-à-dire stables, assurées, irréfutables.
24. Fragment d'un poète inconnu, peut-être d'Aristophane. La cité de Cécrops est Athènes.
25. Fragment de Démocrite. C'est une des maximes fondamentales de sa morale que le bonheur réside dans la paix tranquille du cœur, dans la « bonne humeur ».

25   Essaie comment te réussit à son tour la vie de l'homme de bien qui accepte avec plaisir la part lui revenant sur l'ensemble et qui se contente, quant à lui, de pratiquer la justice et de s'entretenir en disposition bienveillante.

26   Tu as vu ces choses-là ? Vois encore celles-ci. Ne te trouble pas toi-même ; fais-toi une âme simple. Quelqu'un pèche-t-il ? C'est contre lui-même. Quelque chose t'est-il arrivé ? Fort bien ! Tout ce qui t'arrive t'était destiné dès l'origine sur l'ensemble et tissait la trame de tes jours. En somme, brève est la vie. Il faut profiter du présent, mais avec réflexion et selon la justice. Si tu te relâches, que ce soit avec sobriété.

27   Ou bien un monde parfaitement ordonné, ou une masse de matière, qu'on a bien mise en tas, mais sans ordre. Se peut-il qu'il subsiste en toi un certain ordre et qu'il n'y ait que désordre dans le tout ? Et cela, quand tout est si bien combiné, fondu ensemble et solidaire.

28   Caractère méchant, caractère efféminé, caractère dur, sauvage, bestial, puéril, mou, faux, bouffon, mercantile, tyrannique.

29   S'il t'est étranger au monde, l'homme qui ne sait pas connaître ce qui s'y trouve, non moins étranger, qui ne sait pas connaître ce qui s'y passe. C'est un exilé, celui qui se dérobe à la raison sociale ; un aveugle, celui qui tient fermé l'œil de l'intelligence ; un indigent, celui qui a besoin d'autrui et ne possède pas en soi-même tout ce qui est utile à la vie. C'est un abcès du monde, celui qui renonce et se soustrait à la raison de la commune nature par le dépit qu'il éprouve de ce qui lui arrive ; car c'est la même nature qui a introduit cet événement dans le monde et qui t'y a fait entrer. C'est un membre amputé de la cité, celui qui sépare son âme particulière de celle des êtres raisonnables, car elle est une.

30   L'un, sans tunique, vit en philosophe et l'autre, sans livre ; cet autre, à demi nu. « Je n'ai pas de pain, dit-il, mais je reste fidèle à la raison. » – Et moi, je n'ai pas les ressources que procurent les études, et je lui reste fidèle.

31 L'art que tu as appris, qu'il te suffise et sache t'y complaire !
Quant au reste de ta vie, passe-le en homme qui se repose sur
les Dieux, du fond du cœur, pour tout ce qui le concerne et
qui ne se fait ni le tyran, ni l'esclave de personne.

32 Considère, par exemple, l'époque de Vespasien. Tu verras
tout cela : gens qui se marient, élèvent une famille, sont
malades, meurent, guerroient, célèbrent des fêtes, font du
commerce, cultivent la terre, flattent, sont arrogants, soup-
çonnent, tendent des embûches, souhaitent d'en voir d'autres
mourir, murmurent contre le présent, aiment, thésaurisent,
ambitionnent le consulat, l'Empire. Eh bien ! toute la génération de ces gens-là, disparue !
Passe maintenant à l'époque de Trajan : encore toutes les
mêmes scènes et disparue encore cette génération. Considère
de même les titres désignant les autres époques et chaque
peuple pris en groupe et vois combien d'hommes, après
s'être exténués, sont tombés bientôt et se sont décomposés
en leurs éléments. Surtout, il faut passer en revue ceux que
tu as toi-même connus, quand ils se travaillaient en vain et
négligeaient de faire ce qui était conforme à leur propre
constitution, de s'y tenir ferme et de s'en contenter.
Mais il est nécessaire ici de te rappeler que le soin apporté
à chaque action a une valeur propre comme une juste proportion. De cette façon, tu ne perdras pas courage, à moins
de passer à des riens plus de temps qu'il ne sied.

33 Les mots d'un usage courant autrefois ne sont plus que
termes de lexiques. De même donc les noms des hommes
qu'on a le plus célébrés autrefois ne sont plus, en un sens,
que termes de lexiques : Camille, Céson, Volésus, Léonnatus[26] ; après eux Scipion et Caton ; puis Auguste, puis

---

26. Le dictateur M. Furius Camille qui prit Véies, la cité rivale
de Rome. Céson est sans doute Caeso Fabius, le chef des trois cents
Fabii, qui se firent massacrer dans la guerre contre Véies. Volésus,

Hadrien et Antonin. Tout passe et n'est plus bientôt qu'un nom légendaire : bientôt même l'oubli complet l'a enseveli. Et je parle de ceux qui ont jeté en quelque sorte un éclat merveilleux. Les autres, dès leur dernier souffle : « *on les ignore, on n'en parle plus*[27] ». Et qu'est-ce, en somme, que la perpétuité du souvenir ? Rien que du vide. À quoi donc faut-il apporter ses soins ? À ceci exclusivement : des pensées conformes à la justice, une conduite réglée par le bien social, un langage incapable de jamais tromper, une disposition à bien accueillir tout ce qui arrive, comme chose nécessaire, comme familière et découlant du même principe et de la même source.

34 Abandonne-toi de bon gré à Clotho[28] ; laisse-lui tisser ta vie des événements qu'il lui plaît.

35 Tout est éphémère, et ce qui rappelle un souvenir et l'objet même de ce souvenir.

36 Considère constamment que tout ce qui naît sort d'un changement et habitue-toi à cette pensée : la nature universelle n'aime rien tant qu'à changer ce qui est pour en former de nouveaux êtres semblables. Tout être, en un sens, est la semence de ce qui doit sortir de lui-même. Pour toi, tu n'imagines en fait de semences que celles qu'on jette en terre ou dans une matrice : c'est être par trop niais !

37 Tout à l'heure tu auras vécu ! Et tu n'es pas encore simple, ni calme, ni assuré que rien d'extérieur ne pourra te nuire, ni bienveillant envers tous, et tu ne places pas encore la sagesse dans la seule pratique de la justice.

---

chef sabin, contemporain de Tatius. Léonnatus, peut-être Dentatus, le vainqueur de Pyrrhus.

27. Homère, *Odyssée*, I, 242.

28. Clotho est parmi les trois Parques celle qui file la destinée.

38 Scrute les principes qui les guident et <scrute> les sages, quelles sortes de choses ils évitent et lesquelles ils poursuivent.

39 Aucun mal ne peut provenir pour toi du guide intérieur d'autrui, pas plus que d'une altération ou d'un changement dans ce qui t'entoure. Où donc peut-il s'en trouver ? Dans ce qui opine en toi sur le mal. Que donc cette partie n'ait pas d'opinion et tout va bien ! Même si son plus proche voisin, le corps, était coupé en morceaux, brûlé, envahi par le pus ou la gangrène, que, malgré tout, la partie qui opine là-dessus se tienne tranquille, c'est-à-dire qu'elle juge que n'est ni bien ni mal ce qui peut aussi bien survenir au coquin et à l'honnête homme ! En effet, ce qui survient aussi bien <à l'homme qui vit contrairement à la nature> et à celui qui vit d'accord avec elle, cela n'est ni conforme ni contraire à la nature.

40 Considère sans cesse que le monde est comme un être unique, contenant une substance unique et une âme unique ; comment tout aboutit à une seule et même perception, la sienne ; comment il fait tout d'une seule impulsion première ; comment toutes choses causent à la fois ce qui arrive et quelle sorte de trame serrée, compliquée, elles produisent.

41 *Tu n'es qu'une petite âme portant un cadavre*, comme disait Épictète.

42 Ce qui est en train de changer n'en éprouve aucun mal, comme ce qui naît de ce changement n'en éprouve aucun bien.

43 Le temps est comme un fleuve que formeraient les événements, un courant violent. À peine chaque chose est-elle en vue, qu'elle est emportée ; une autre défile à sa place, qui va être emportée.

44 Tout ce qui arrive est aussi banal et familier que la rose au printemps et les fruits en été : de ce genre sont la maladie, la mort, la calomnie, la traîtrise et tout ce qui réjouit ou afflige les insensés.

45 Les faits conséquents ont toujours avec les précédents un lien d'affinité. Ce n'est pas comme une série de nombres isolés, qui n'auraient qu'un caractère de nécessité ; c'est un enchaînement logique et, de même que les êtres sont ordonnés harmonieusement, de même les événements manifestent non une simple succession, mais encore une affinité admirable.

46 Se souvenir toujours de ce passage d'Héraclite : « La mort de la terre, c'est de se changer en eau ; la mort de l'eau, c'est de se changer en air et l'air se change en feu et inversement. » Se souvenir aussi de l'homme qui oublie où mène le chemin. Et de ceci encore : « *Quelque assidus que soient leurs rapports avec la raison qui gouverne le tout, ils ne peuvent s'entendre avec elle ; ce dont ils sont témoins quotidiennement leur paraît <toujours> étranger.* »
Et encore : « *Il ne faut pas agir ni parler comme en dormant* », car alors aussi il nous semble que nous agissons et que nous parlons, « ni comme font les fils des... », c'est-à-dire, simplement, suivant une routine traditionnelle.

47 Si l'un des Dieux te disait que tu seras mort demain ou, en tout cas, après-demain, tu n'attacherais plus guère d'importance à ce que ce fût dans deux jours plutôt que demain, à moins d'être le dernier des lâches, car quelle est la différence ? De même, ne crois pas que mourir après de longues années plutôt que demain, ce soit un grand avantage.

48 Considère sans cesse combien de médecins sont morts, qui avaient tant de fois froncé les sourcils au chevet de leurs malades ; combien d'astrologues, qui avaient cru faire merveille en prédisant la mort des autres ; combien de philosophes après une infinité d'âpres disputes sur la mort et l'immortalité ; combien de princes, après avoir fait périr tant de gens ; combien de tyrans, qui, comme s'ils eussent été immortels, ont abusé, avec une arrogance qui confond, du pouvoir d'attenter à la vie humaine. Combien de villes

sont, si l'on peut dire, mortes tout entières : Hélikê, Pompéi, Herculanum[29], d'autres innombrables ! Passe encore en revue l'un après l'autre tous ceux que tu as connus. Celui-ci, après avoir rendu les derniers devoirs à celui-là, fut étendu ensuite sur le lit funèbre par un troisième, qui eut aussi son tour. Et tout cela en un instant ! En somme, considérer toujours les choses humaines comme éphémères et sans valeur : hier, un peu de glaire ; demain, momie ou tas de cendres. Cette durée infinitésimale, passe-la donc au gré de la nature et termine ta vie l'âme satisfaite : telle l'olive arrivée à maturité tomberait en bénissant la terre qui l'a portée et en rendant grâces à l'arbre qui l'a fait croître.

49 Ressembler au promontoire, sur lequel sans cesse se brisent les vagues : lui, reste debout et autour de lui viennent mourir les bouillonnements du flot.

« Malheureux que je suis, parce que telle chose m'est arrivée ! » – Mais non ! Au contraire : « Bienheureux que je suis, parce que, telle chose m'étant arrivée, je continue d'être exempt de chagrin, sans être brisé par le présent ni effrayé par l'avenir. Le même accident eût pu survenir au premier venu : le premier venu n'eût pas su, comme moi, continuer d'être, de ce fait, exempt de chagrin. » Et pourquoi donc cela est-il un malheur plutôt que ceci un bonheur ? Appelles-tu, en somme, un malheur pour l'homme ce qui n'est pas un échec pour la nature de l'homme ? Te semble-t-il que ce soit un échec pour la nature de l'homme, quand ce n'est pas contraire au dessein de sa nature ? Eh quoi ? On t'a instruit de ce dessein. Ce qui arrive là t'empêche-t-il d'être juste, magnanime, tempérant, sage, prudent, loyal, réservé, libre et cætera, toutes vertus qui, réunies, font que la nature

---

29. Hélikê, ville d'Achaïe, engloutie par la mer quelques temps avant la bataille de Leuctres. L'éruption du Vésuve qui détruisit Pompéï et Herculanum date de 79 après J.-C.

de l'homme possède ce qui lui est propre ? Souviens-toi donc, en définitive, à tout accident qui te porte à l'affliction, de faire usage de ce principe : Ceci n'est pas un malheur, mais le supporter noblement est un bonheur.

50 Un secours vulgaire, mais tout de même efficace, pour atteindre au mépris de la mort, c'est de passer en revue ceux qui se sont attardés à vivre sans vouloir lâcher prise. Qu'ont-ils gagné de plus sur ceux qui moururent avant l'heure ? De toute façon, quelque part enfin gisent Cadicianus, Fabius, Julianus, Lépide[30] et leurs pareils, qui, en ayant conduit bien d'autres au tombeau, ensuite y furent conduits. En somme, minime est la distance ; et celle-ci, à travers que d'épreuves et en quelles compagnies on l'épuise, et en quel corps ! Ce n'est donc pas une affaire. Regarde en effet derrière toi l'abîme du temps et cet autre infini devant toi. Dans cette immensité, en quoi diffèrent l'enfant de trois jours et l'homme qui a trois fois l'âge du Générien[31] ?

51 Cours toujours au plus court : c'est la plus courte qui est la voie selon la nature. C'est pourquoi parle et agis en tout de la manière la plus sensée. Un tel plan de conduite affranchit des fatigues et de la vie militaire et de toute administration et de l'affectation dans le style.

---

30. Lépide, le triumvir, détint jusqu'à un âge avancé le grand pontificat que convoitait Auguste. Les trois autres sont des noms trop répandus pour qu'on puisse les identifier.
31. Ce Générien est Nestor, roi de Pylos, qu'on disait avoir vécu pendant trois générations.

LIVRE V

1 Le matin, quand il te coûte de te réveiller, que cette pensée te
soit présente : c'est pour faire œuvre d'homme que je m'éveille.
Vais-je donc être encore de méchante humeur, parce que je
pars accomplir ce à cause de quoi je suis fait, en vue de quoi j'ai
été mis dans ce monde ? Suis-je constitué à cet effet, de rester
couché et me tenir au chaud sous mes couvertures ? – C'est
plus agréable ! – Es-tu donc fait pour l'agrément ? Et, en général, es-tu fait pour la passivité ou pour l'activité ? Ne vois-tu
pas que les plantes, les passereaux, les fourmis, les araignées,
les abeilles font leurs tâches propres et contribuent pour leur
part au bon agencement du monde ? Alors toi, tu ne veux pas
faire ce qui convient à l'homme ? Tu ne cours pas à la tâche
qui est conforme à ta nature ? – Il faut bien se reposer. – Oui,
d'accord; mais la nature a donné des bornes au repos ; mais
elle en a donné pour le manger et le boire. Et toi cependant,
ne dépasses-tu pas les bornes, ce qui est suffisant ? Faut-il agir,
tu n'en es plus, tu restes en deçà du possible. C'est que tu ne
te chéris pas toi-même. Sinon, tu chérirais ta nature et son
dessein. D'autres, qui aiment leur métier, se consument aux
travaux qui s'y rapportent, sans se baigner et sans manger. Toi,
estimes-tu moins ta nature que le ciseleur son art, le danseur la
danse, l'avare son argent, le vaniteux la gloriole ? Ces gens-là,
quand leur passion les tient, ne veulent ni manger ni dormir,
mais bien plutôt accroître à mesure l'objet de leurs efforts. Pour

toi, les actions utiles à la communauté te paraissent-elles être inférieures et valoir moins de soin ?

2 Qu'il est aisé d'écarter et d'effacer toute idée ou importune ou étrangère et de recouvrer aussitôt un calme parfait !

3 Estime que tu es digne de toute parole, de toute action conforme à la nature. Ne te laisse pas détourner par les critiques ou les propos qui peuvent en résulter ; mais s'il est bien de faire cette action, de dire cette parole, ne t'en juge pas indigne. Ceux-là ont leur propre guide intérieur et ils obéissent à leurs propres instincts. Ne t'en inquiète pas, mais va droit ton chemin, guidé par ta nature propre et la nature universelle. Toutes deux suivent une voie unique.

4 Je parcours les étapes fixées par la nature jusqu'à ce que je tombe et me repose, quand je rendrai mon souffle à cet air que je respire tous les jours, quand je tomberai sur cette terre d'où mon père a puisé mon germe, ma mère mon sang, ma nourrice son lait ; qui me donne tous les jours depuis tant d'années mes aliments et ma boisson, qui me porte, tant que je marche, et dont je tire tant de profits.

5 On n'a pas lieu d'admirer en toi la finesse ? Soit ! Mais il se trouverait bien d'autres qualités, pour lesquelles tu n'es pas fondé à dire que tu es mal doué. Acquiers-les donc, car elles dépendent absolument de toi : sincérité, gravité, endurance, continence, acceptation de la destinée, modération dans les désirs, bienveillance, liberté, simplicité, sérieux dans les propos, grandeur d'âme. Ne sens-tu pas combien tu pourrais dès maintenant acquérir de ces qualités, pour lesquelles tu n'as pas du tout l'excuse d'une incapacité naturelle et d'insuffisantes dispositions ? Et cependant tu restes encore au-dessous du possible, par ta faute. Est-ce que, quand tu murmures contre la vie ou que tu t'y cramponnes, quand tu flattes, que tu incrimines ton corps, que tu cherches à plaire, que tu divagues étourdiment, quand ton âme subit tous ces ballottements, tu y es contraint faute de dispositions naturelles ? Non, par les

Dieux ! Tu aurais pu dès longtemps te délivrer de ces vices
et ne te laisser accuser, – si toutefois tu le devais, – que de
cette trop grande lenteur d'esprit, de cette paresse à fixer ton
attention. Mais sur ce point même il faut t'exercer, au lieu de
prendre ton parti de cette paresse ou de t'y complaire.

6 Celui-ci, quand il oblige adroitement quelqu'un, est disposé
à lui porter en compte ce service. Celui-là n'est pas disposé à
agir ainsi ; cependant il considère à part lui son obligé comme
un débiteur et il sait ce qu'il a fait. Ce troisième ne sait plus,
en un sens, ce qu'il a fait ; il ressemble à la vigne qui produit
du raisin et ne réclame rien de plus, une fois qu'elle a produit
son fruit propre, comme le cheval qui a couru, le chien qui a
chassé, l'abeille qui a fait son miel. Cet homme-là qui a obligé
quelqu'un, n'en veut † retirer aucun profit, mais il passe à un
autre, comme la vigne va donner encore son raisin à la saison. – Il
faut donc être de ces gens qui agissent ainsi, en quelque sorte,
sans y prêter attention ? – Oui. – Mais c'est à quoi précisément
il faut prêter attention, car le propre, dit-on, d'un être sociable,
c'est de sentir qu'il agit pour le bien de la société et, par Zeus !
de vouloir que son associé le sente aussi. – C'est vrai, ce que
tu dis là ; mais tu interprètes mal le présent propos. Tu seras
pour cette raison un de ces hommes dont je parlais plus haut,
car ils se laissent, eux aussi, égarer par une apparence de raison.
Mais si tu veux entendre le sens de ce propos, ne crains pas de
négliger pour cela quelque action utile à la société.

7 Prière des Athéniens : « Arrose, arrose, cher Zeus, les champs
des Athéniens et les plaines. » Ou il ne faut pas prier, ou il
faut prier ainsi, naïvement, franchement.

8 De même qu'on dit : Asclépios[32] a ordonné à Untel l'équi-
tation ou les bains froids ou de marcher nu-pieds, de

---

32. Asclépios, dieu de la médecine, dont les sanctuaires étaient très
fréquentés par les malades.

même on dit en ce sens : La nature universelle a ordonné
à Untel une maladie, une infirmité, une perte ou quelque
chose d'approchant. Dans le premier cas, « a ordonné »
signifie à peu près : Le Dieu a assigné à cet homme ce
traitement, comme correspondant à son état de santé ; et
dans le second : Ce qui arrive à chacun lui a été assigné
de quelque manière comme correspondant à sa destinée.
C'est ainsi que nous disons de ces événements qu'ils
cadrent avec nous, comme les maçons disent des pierres de
taille qu'elles cadrent dans les murailles ou les pyramides,
quand elles s'harmonisent entre elles selon telle ou telle
combinaison. En définitive, il n'y a qu'une seule harmonie
et, de même que le monde, ce si grand corps, se parachève
de tous les corps, de même le destin, cette si grande cause,
se parachève de toutes les causes. Ce que j'avance là est
bien compris même des plus ignorants, car ils disent :
« Le destin lui apportait cet événement. » C'est donc
qu'il lui était apporté, qu'il lui était ordonné. Acceptons
donc ces événements comme les ordonnances d'Asclépios.
Bien des choses, sans doute, sont pénibles sans celles-ci ;
mais nous leur faisons bon accueil, parce que nous en
espérons la guérison. Regarde l'achèvement et le parfait
accomplissement de ce qu'a décidé la nature universelle
du même œil que ta propre santé. Fais aussi bon accueil
à tout ce qui arrive, même si tu le trouves un peu pénible,
parce qu'il a pour aboutissement la santé du monde, la
bonne marche et le succès de Zeus. Il n'eût pas apporté
cet événement à cet homme, si ce n'importait au tout, et
aucune nature quelconque ne produit quoi que ce soit qui
ne corresponde à l'être qu'elle gouverne. Il faut donc, pour
deux raisons, être satisfait de ce qui t'arrive. D'abord, cela
était fait pour toi, t'était ordonné, tenait à toi en quelque
sorte de là-haut, faisant partie d'une chaîne qui remonte
aux causes les plus vénérables. En second lieu, ce qui arrive en particulier à chacun conditionne, pour celui qui

gouverne le tout, sa bonne marche, sa perfection et, par Zeus ! son existence même. L'univers est comme mutilé, si peu qu'on retranche à la connexion et à l'enchaînement des causes, non moins que de ses parties. Or tu romps cet enchaînement, autant qu'il dépend de toi, quand tu es mécontent des événements et, en un sens, tu les détruis.

9 Ne te laisse ni rebuter, ni décourager, ni abattre, si tu ne réussis pas souvent à te conduire de point en point d'après des principes corrects ; mais, quand tu as échoué, reviens à la charge et tiens-toi pour satisfait, si, dans les grandes lignes, tu mènes une vie plus digne d'un homme. Chéris ce à quoi tu reviens et ne retourne pas à la philosophie comme à un maître d'école, mais comme ceux qui souffrent des yeux recourent à l'éponge et à l'œuf et comme tel autre malade au cataplasme ou à la lotion. De cette façon, tu ne feras pas étalage de ton obéissance à la raison, mais tu t'y complairas. Souviens-toi d'ailleurs que la philosophie ne veut que ce que veut ta nature, alors que toi, tu voulais autre chose, non conforme à la nature. Et qu'y a-t-il de plus attrayant que de la suivre ? (En effet, le plaisir ne nous séduit-il pas par cette considération ?) Eh bien ! examine si ce ne sont pas là choses plus agréables : la grandeur d'âme, la liberté, la droiture, la bienveillance, la piété. Et, quant à la sagesse, y a-t-il rien de plus agréable, si l'on considère quelle sûreté de coup d'œil et quel succès procure en toutes circonstances la faculté d'observation et de connaissance ?

10 Les choses sont couvertes, en un sens, d'un tel voile qu'à maints philosophes, et non des premiers venus, elles ont semblé absolument insaisissables. Quant aux Stoïciens, du moins les jugent-ils malaisées à saisir. Et toute adhésion de notre part est sujette à changement. Où est l'homme qui ne change pas ? Passe donc aux objets qui tombent sous la connaissance : qu'ils sont éphémères, méprisables et capables d'appartenir à un débauché, à une fille publique, à un bri-

gand ! Après cela, passe aux mœurs de tes compagnons : le plus aimable d'entre eux est difficilement supportable, pour ne pas dire qu'à peine il se supporte lui-même.

Au milieu de ces ténèbres, de cette fange, de ce flux si rapide de la substance, du temps, du mouvement et des choses qu'entraîne le mouvement, est-il un seul objet qu'on doive estimer un haut prix ou, d'une manière générale, s'efforcer d'obtenir ? Je n'en conçois même pas. Au contraire, il faut s'exhorter à attendre la désagrégation naturelle et ne pas s'impatienter, si elle tarde, mais se reposer sur ces deux principes exclusivement : d'abord, rien ne m'arrivera qui ne soit conforme à la nature du tout ; en second lieu, il dépend de moi de ne rien faire qui contrarie mon Dieu et mon Génie. Et personne ne me forcera à transgresser sa volonté.

11 À quel usage fais-je donc servir mon âme en ce moment ? À chaque instant, me poser cette question, examiner ce qui se trouve en ce moment dans cette partie de moi-même, qu'on appelle le guide intérieur, et de qui j'ai l'âme en ce moment. Ne dirait-on pas celle d'un enfant, d'un jeune homme, d'une femmelette, d'un tyran, d'une bête de somme, d'un animal féroce ?

12 Quelle est la nature de ce que le vulgaire prend pour des biens ? On peut s'en rendre compte de la manière suivante. Supposons qu'un homme envisage, avec la pensée que ce sont de vrais biens, certaines choses existantes, comme la sagesse, la tempérance, la justice, le courage. Après les avoir envisagées, il ne pourrait plus entendre le vers : « *Il est si riche...* » Cela porterait à faux. Au contraire, si l'on envisage au préalable ces choses que le vulgaire prend pour des biens, on écoutera jusqu'au bout et on accueillera aisément le mot du poète comique, comme une suite appropriée. Tant le vulgaire imagine bien la différence ! Sans cela, en effet, ce vers ne choquerait pas dans le premier cas et ne semblerait pas déplacé, alors que, quand il s'agit de la richesse et des

bonheurs qu'on attribue au luxe ou à la gloriole, nous accueillons ces paroles comme convenables et spirituelles. Poursuis donc et demande-toi s'il faut estimer et regarder comme bonnes de ces choses qui, si on les envisageait d'abord, amèneraient naturellement cette conclusion : leur possesseur en est si riche « *qu'il ne sait plus où se soulager* [33] ».

13 Je suis composé d'une cause formelle et de matière[34]. Aucun de ces éléments ne sera anéanti, pas plus qu'il n'est sorti du néant. Donc toute partie de mon être se verra assigner une autre place par transformation en une autre partie de l'univers ; puis à son tour celle-ci se transformera en une autre partie de l'univers et ainsi de suite à l'infini. C'est par une semblable transformation que, moi aussi, j'ai pris naissance, et de même mes parents ; et l'on remonterait dans cette autre direction à l'infini. Rien ne s'oppose à ce qu'on tienne ce langage, même si le gouvernement du monde se divise en périodes finies.

14 La raison et l'art de raisonner sont des facultés qui se suffisent à elles-mêmes et pour les opérations qui les concernent. Elles ont leur point de départ qui leur est propre et elles cheminent droit au but qui leur est proposé. C'est pourquoi ces opérations se nomment catorthoses[35], terme qui indique la rectitude de la voie choisie.

15 Il ne faut pas que l'homme observe rien de ce qui ne convient pas à l'homme, en tant qu'homme. Ce ne sont pas des choses qu'on doive réclamer à l'homme ; la nature de l'homme ne les promet pas ; ce ne sont pas des perfections de la nature de l'homme. Il ne faut pas non plus que l'homme y place sa fin, ni – ce qui parachève la fin – son bien. En outre, si l'une

---

33. Allusion à un vers de Ménandre, *Phasma*, V. 42-43, ed. Koerte.
34. Voir note à IV, 21.
35. Les stoïciens appelaient ainsi les actions pleinement conformes à la nature, qui ne se rencontraient que chez le sage.

de ces choses convenait à l'homme, il ne lui conviendrait pas d'en faire fi ou de se rebeller contre elle, on ne saurait approuver l'homme qui essaierait de s'en passer et celui qui se restreindrait à l'égard de l'une d'elles ne serait pas un homme de bien, à supposer que ce fussent des biens. Mais dans la réalité, plus on se dépouille de ces choses et d'autres analogues, ou encore : mieux on supporte d'en être dépouillé, et plus on est un homme de bien.

16 Ton intelligence sera ce que la feront tes idées habituelles, car l'âme s'imprègne des idées. Imprègne donc la tienne par la continuité d'idées comme celles-ci : Là où il est possible de vivre, il est possible aussi de bien vivre. Or on peut vivre à la cour ; donc on peut aussi bien vivre à la cour. Et ceci encore : Chaque être est porté vers la fin à cause de laquelle et en vue de laquelle il a été constitué. Et ce vers quoi il est porté, c'est là qu'est sa fin ; et là où est sa fin, là aussi se trouvent pour chacun son intérêt et son bien. Or donc le bien d'un être raisonnable, c'est la société. Que nous soyons faits pour la société, on l'a démontré depuis longtemps. N'est-il pas évident que les êtres inférieurs sont faits en vue des supérieurs et les supérieurs les uns pour les autres ? Or les êtres vivants sont supérieurs aux êtres inanimés et les êtres raisonnables aux êtres vivants.

17 Poursuivre l'impossible, c'est folie. Or il est impossible que les méchants ne commettent pas de telles actions.

18 Rien n'arrive à aucun homme qu'il ne soit naturellement capable de supporter. Les mêmes accidents arrivent à un autre et, soit qu'il ignore qu'ils sont arrivés, soit qu'il veuille faire parade d'un grand cœur, il tient bon et il demeure sans mal. Étrange chose, que l'ignorance et la suffisance soient plus fortes que la sagesse !

19 Les choses n'ont, par elles-mêmes, pas le moindre contact avec l'âme ; elles n'ont pas accès dans l'âme ; elles ne peuvent ni la modifier, ni la mettre en mouvement. Elle se modifie, elle se met en mouvement elle-même, et à elle seule, et elle

fait que les contingences soient pour elle conformes aux jugements qu'elle estime dignes d'elle-même.

20 À un point de vue, l'homme est un être qui nous est très intimement lié, en tant que nous devons leur faire du bien et les supporter. Mais en tant que certains d'entre eux m'empêchent d'accomplir les actes qui sont en rapport intime avec moi, l'homme passe au rang des êtres qui me sont indifférents, non moins que le soleil, le vent, une bête sauvage. Ceux-ci peuvent bien entraver quelque chose de mon activité ; mais mon vouloir spontané, mes dispositions intérieures ne connaissent pas d'entraves, grâce à mon pouvoir de faire des réserves et de renverser les obstacles. En effet, l'intelligence renverse et déplace, pour tendre au but qui la guide, tout obstacle à son activité. Ce qui gênait cette action la favorise ; ce qui barrait ce chemin aide à progresser.

21 Révère ce qu'il y a de plus éminent dans le monde : c'est ce qui tire parti de tout et qui veille à tout[36]. De même, révère ce qu'il y a en toi de plus éminent ; et ceci est de la même famille que cela. En effet, c'est ceci qui utilise en toi tout le reste et gouverne ta vie.

22 Ce qui n'est pas nuisible à la cité ne nuit pas non plus au citoyen. Toutes les fois que tu t'imagines qu'on t'a nui, applique cette règle : Si cela ne nuit pas à la cité, cela ne m'a pas nui non plus. – Mais si cela nuit à la cité, ne faut-il pas se fâcher contre l'homme qui nuit à la cité ? – Attention à l'oubli que tu commets[37] !

23 Considère fréquemment la rapidité avec laquelle les êtres et les événements passent et disparaissent. La substance est,

---

36. La raison universelle, dont la raison humaine est un fragment.

37. Il ne faut pas se fâcher contre le méchant, mais lui montrer son erreur, en se souvenant qu'il y aura toujours des hommes tels. Voir V, 28 ; IX, 11 et 42.

comme un fleuve, en perpétuel écoulement, les forces en
perpétuels changements, les causes en train de se modifier de
mille manières ; et presque rien n'est stable ; et, tout proche,
voici l'abîme infini du passé et du futur, où tout s'évanouit.
Comment ne serait-il pas fou l'homme qui, en ce milieu,
s'enfle ou se crispe ou se lamente, comme si quelque chose
lui avait causé un trouble pendant une durée appréciable,
et même considérable ?

24 Pense à l'ensemble de la substance, dont tu participes pour
une très petite part ; à l'ensemble de la durée, dont un intervalle, bref et infinitésimal, t'a été assigné ; et à la destinée,
où tu tiens une place, combien petite !

25 Quelqu'un commet-il une faute à mon endroit ? C'est son
affaire. Il a son tempérament propre, son activité propre.
Pour moi, j'ai en ce moment ce que la nature universelle
veut que j'aie en ce moment et je fais ce que ma nature veut
que je fasse en ce moment.

26 Que la partie directrice et maîtresse de ton âme demeure
indifférente au mouvement qui se fait, doux ou violent, dans
la chair ; qu'elle ne s'y mêle pas, mais qu'elle se circonscrive
elle-même et qu'elle maintienne ces passions bornées aux
membres. Lorsqu'elles se propagent à l'intelligence par un
effet de la sympathie qui relie l'une à l'autre les parties de
ta personne, car elle est indivise, alors il ne faut pas tenter
de s'opposer à la sensation, phénomène naturel. Mais quant
à l'opinion que ce serait un bien ou un mal, que la partie
directrice ne l'ajoute pas d'elle-même.

27 Vivre avec les Dieux. – Il vit avec les Dieux, celui qui leur montre
constamment une âme satisfaite du lot qui lui est attribué et
faisant toutes les volontés du Génie que Zeus a donné à chacun
comme maître et comme guide, parcelle détachée de lui-même.
Et ce Génie, c'est l'esprit de la raison de chacun.

28 Te fâches-tu contre l'homme qui pue le bouc ? Te fâches-
tu contre celui qui a l'haleine forte ? Que veux-tu qu'il

y fasse ? Sa bouche est telle, ses aisselles sont telles ; il est inévitable, puisqu'elles sont telles, que de telles exhalaisons s'en dégagent. – Mais, l'homme, dit l'autre, possède la raison ; il peut, en y réfléchissant, prendre conscience de la faute commise. – À la bonne heure ! Donc, toi aussi, tu possèdes la raison. Ébranle par ta faculté raisonnable sa faculté raisonnable ; montre-lui, avertis-le. S'il t'écoute, tu le guériras ; point besoin de colère.

Ni tragédien, ni prostituée !

29 La vie que tu médites de mener une fois sorti d'ici, tu peux la mener ici même. Si l'on ne t'en laisse pas la faculté, alors sors plutôt de la vie, mais persuadé que tu n'en souffres aucun mal. « *De la fumée... Je m'en vais*[38]. » Pourquoi voir là une affaire ? Mais tant qu'une raison de ce genre ne me chasse pas, je demeure libre et personne ne m'empêchera de faire ce que je veux. Or je veux ce qui est conforme à la nature de l'être raisonnable et sociable.

30 L'intelligence universelle est sociable. Aussi a-t-elle fait les êtres inférieurs en raison des supérieurs et adapté ceux-ci les uns aux autres. Vois-tu comme elle a subordonné, coordonné ; comme elle a assigné à chacun sa part, proportionnée à sa valeur ; comme elle a engagé les êtres supérieurs à vivre entre eux en bon accord ?

31 Comment t'es-tu comporté jusqu'ici envers les Dieux, tes parents, tes frères et sœurs, ta femme, tes enfants, tes maîtres, tes gouverneurs, tes amis, tes relations, tes serviteurs ? As-tu jusqu'ici observé envers eux tous le précepte :

« De ne faire à personne, de ne dire rien qui soit mal[39]. »

---

38. Libre citation d'Épictète : *Entretiens*, I, 25, 18-20. Marc Aurèle, en conformité avec l'enseignement général du stoïcisme, soutient ici la légitimité du suicide.
39. Homère, *Odyssée*, IV, 690.

Rappelle-toi aussi quels événements tu as traversés, quelles épreuves tu as réussi à supporter ; que tu connais désormais la vie à fond ; que ta mission est accomplie ; combien de beaux exemples tu as fait voir ; que de plaisirs et de douleurs tu as méprisés ; que d'objets réputés n'ont pu détourner tes regards ; à combien d'ingrats tu montreras de la bienveillance.

32 Pourquoi des esprits incultes et ignorants troublent-ils un esprit cultivé et savant ?
Qu'est-ce donc qu'un esprit cultivé et savant ? Celui qui connaît le commencement et la fin et la raison qui se répand par toute la substance et qui, de toute éternité, administre le tout suivant des périodes déterminées.

33 Dans un instant, tu ne seras plus que cendre ou squelette, et un nom, ou plus même un nom. Le nom : un vain bruit, un écho ! Ce dont on fait tant de cas dans la vie, c'est du vide, pourriture, mesquineries, chiens qui s'entre-mordent, gamins querelleurs, qui rient et pleurent sans transition. Quant à la bonne foi, à la pudeur, à la justice, à la sincérité, « <Envolées> vers l'Olympe, de la terre aux larges voies[40]. »
Qu'est-ce donc qui te retient encore ici-bas ? Les objets sensibles sont changeants, inconsistants, et les sens émoussés, prompts à recevoir de fausses impressions. Quant au souffle lui-même, ce n'est que vapeur qui s'exhale du sang. Et la renommée parmi ces gens-là, du vide. Que faire donc ? Tu attendras, l'âme bienveillante, ou de t'éteindre ou d'être transféré ailleurs. Jusqu'à ce que l'occasion s'en présente, que suffit-il de faire ? Quoi d'autre que de vénérer et de bénir les Dieux, de faire du bien aux hommes, de les supporter et de s'abstenir ? Mais tout ce qui existe dans le domaine du corps et du souffle, souviens-toi que ce n'est ni à toi, ni dépendant de toi.

---

40. Hésiode, *Les Travaux et les Jours*, 197.

34 Tu peux toujours donner à ta vie un bon cours, puisque tu peux suivre le bon chemin, puisque tu peux le suivre pour opiner et pour agir. Voici deux facultés communes à l'âme de Dieu et à celle de l'homme comme de tout être raisonnable : de n'être entravé par rien d'autre, de faire consister son bien dans des dispositions et une conduite conformes à la justice ; – et borner là son désir.

35 S'il n'y a pas là un vice qui me soit personnel ni l'effet d'un vice qui me soit personnel et si la communauté n'en souffre pas, pourquoi m'en inquiéter ? – Et de quoi la communauté pourrait-elle souffrir ?

36 Ne te laisse pas entraîner en bloc par ton imagination ! Viens <-leur> en aide suivant ton pouvoir et leur mérite, même s'ils n'ont perdu que des choses indifférentes. Mais ne t'imagine pas qu'il y ait là une perte, car on a cette mauvaise habitude. Fais comme le vieillard qui, en prenant congé, réclamait la toupie de son élève, tout en ne perdant pas de vue que ce n'était qu'une toupie. De même dans le cas présent,... pauvre homme, as-tu oublié ce qu'il en est ? – Sans doute, mais ils y tiennent tant ! – Est-ce une raison pour te laisser gagner par leur folie ?

Je fus autrefois, <dis-tu>, à quelque moment qu'on fût venu me prendre, un homme heureux ! – Mais l'homme heureux, c'est celui qui s'est attribué une bonne part ; et une bonne part, ce sont de bonnes inclinations de l'âme, de bons mouvements, de bonnes actions.

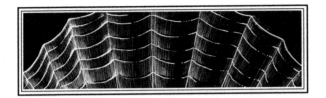

LIVRE VI

1 La substance universelle est docile et plastique. La raison qui la gouverne n'a en elle-même aucun motif de faire du mal, car elle n'a pas de méchanceté, elle ne fait de mal à rien et rien ne reçoit d'elle aucun dommage. Or tout naît et s'achève selon ses desseins.

2 Qu'il te soit indifférent, quand tu accomplis ton devoir, d'avoir froid ou chaud, de somnoler ou d'avoir assez dormi, d'entendre dire du mal ou du bien de toi, de mourir ou de faire quelque autre chose. En effet, l'acte par lequel nous mourons est l'un de ceux dont se compose la vie. Il suffit donc, pour celui-là aussi, de bien disposer l'affaire présente.

3 Regarde au fond des choses ; en aucune, que ni sa qualité propre ni sa valeur ne t'échappe.

4 Tous les objets qui sont sous nos yeux se transformeront en un instant et ils s'évaporeront, si la substance est une, ou bien ils se disperseront.

5 La raison qui gouverne sait comment elle est disposée, ce qu'elle fait et de quelle matière.

6 Une excellente manière de te défendre d'eux, c'est d'éviter de leur ressembler.

7 Qu'une seule chose te charme et tâche de t'y complaire : c'est de passer d'une action sociale à une action sociale, en pensant à Dieu.

8   Le guide intérieur est cette partie qui s'éveille d'elle-même, qui se modifie et se façonne elle-même telle qu'elle veut, et qui fait que tout événement lui apparaisse tel qu'elle veut.

9   Tout s'accomplit selon la nature universelle. Ce ne saurait être selon une autre nature, qui serait ou extérieure au monde en le contenant, ou contenue en lui, ou extérieure et indépendante.

10   Ou bien désordre, entremêlement, dispersion ; ou bien union, ordre, providence. Dans la première hypothèse, pourquoi désirerais-je prolonger mon séjour parmi cet assemblage livré au hasard et une telle confusion ? Qu'ai-je à me soucier d'autre chose que de savoir comment « *devenir terre un jour*[41] ». Et pourquoi me troubler ? La dispersion m'atteindra bien, quoi que je fasse ! Dans l'autre hypothèse, je vénère, je demeure inébranlable et je me repose sur celui qui gouverne.

11   Quand la contrainte des circonstances te laisse comme désemparé, rentre en toi-même aussitôt et ne perds pas la mesure plus longtemps qu'il n'est nécessaire. Tu seras d'autant plus maître de l'harmonie que tu y reviendras plus fréquemment.

12   Si tu avais en même temps une marâtre et ta mère, tu rendrais tes devoirs à la première, mais c'est néanmoins à ta mère que reviendraient tes incessantes visites. Il en est de même pour toi en ce moment, de la cour et de la philosophie. Reviens à celle-ci fréquemment, repose-toi en elle, car c'est elle qui te rend la vie supportable là-bas et qui te rend toi-même supportable parmi eux.

13   De même que c'est concevoir l'idée de ce que sont les viandes cuites et autres aliments de cette sorte, si l'on se dit : Ceci est un cadavre de poisson, cela un cadavre d'oiseau ou de porc ;

---

41. Homère, *Iliade*, VII, 99.

ou encore : Le falerne n'est que le jus d'un grappillon ; la robe prétexte[42], du poil de brebis teint du sang d'un coquillage ; ce qui se passe dans l'accouplement, c'est friction de nerf et, accompagnée d'un certain spasme, excrétion de glaire ; de même que ces idées atteignent en plein leur objet, qu'elles vont au cœur des choses, en sorte qu'on en voie la réalité ; de même faut-il faire dans tout le cours de ta vie. Quand les objets te semblent dignes de confiance, dépouille-les, vois à fond leur peu de valeur, arrache-leur ces † dehors dont ils s'enorgueillissent. C'est un bien redoutable sophiste que l'orgueil, et quand tu crois t'appliquer plus que jamais aux choses sérieuses, c'est alors qu'il te mystifie le mieux du monde. Vois donc ce que Cratès dit de Xénocrate[43] lui-même à ce propos.

14 La plupart des objets qu'admire la foule se ramènent aux plus généraux, à ceux qui sont constitués d'une manière d'être ou d'une nature, comme des pierres, du bois, des figuiers, des vignes, des oliviers. Les gens un peu sensés vont aux êtres qui sont doués de vie, comme les troupeaux de gros et de petit bétail ; ceux qui ont encore meilleur goût, aux êtres doués d'une âme raisonnable, non pas de l'âme raisonnable universelle, mais de celle qui s'applique spécialement aux arts ou à quelque forme d'ingéniosité ; ou simplement <ils aiment> posséder un grand nombre d'esclaves. Mais l'homme qui fait cas de l'âme raisonnable universelle et sociable ne s'intéresse plus au reste. Avant tout, il tâche de sauvegarder en son âme propre des dispositions et des mouvements conformes à la raison et au bien social ; et il aide son parent à atteindre ce but.

---

42. La robe prétexte était la toge blanche, bordée de pourpre, que le jeune homme quittait vers dix-sept ans pour revêtir la toge virile.
43. On l'ignore. Il s'agit sans doute ici du philosophe Cratès de Thèbes. Xénocrate, philosophe platonicien.

15 Toujours parmi les choses, les unes se hâtent d'être, les autres d'avoir été ; et de ce qui vient à être, une partie s'est déjà éteinte. Écoulements et transformations renouvellent le monde constamment, comme la fuite incessante du temps renouvelle à mesure la durée infinie. Au milieu de ce fleuve, lequel de ces objets qui passent en courant pourrait-on estimer, puisqu'on ne peut faire fond sur aucun ? C'est comme si l'on se prenait à aimer l'un de ces moineaux qui passent à tire-d'aile : il a déjà disparu à nos yeux. La vie même de chacun de nous est quelque chose de comparable à l'évaporation du sang et à l'aspiration de l'air. En effet, l'air une fois aspiré, nous l'expirons, ce que nous répétons à chaque instant. Tu ne fais guère autre chose, quand, toute la faculté respiratoire acquise hier ou avant-hier à ta naissance, tu la rends à la source dont tu as tiré ton premier souffle.

16 Ce n'est pas de transpirer comme les plantes qui a du prix, ni de respirer comme les bestiaux et les fauves, ni de recevoir des impressions par l'imagination, ni d'être tiraillé comme des marionnettes par les instincts, ni de paître avec le troupeau, ni de se nourrir, opération analogue à celle par laquelle on expulse le déchet des aliments. Qu'est-ce donc qui a du prix ? Soulever des claquements de mains ? Non certes ! Ce n'est donc pas non plus de soulever des claquements de langues. Tu as donc renoncé aussi à la gloriole. Que reste-t-il qui soit digne d'estime ? À mon sens, c'est de se mettre en mouvement et de s'arrêter selon sa propre constitution, but où conduisent les études et les arts. En effet, tout art se propose d'atteindre ce résultat, que la méthode constituée soit bien appropriée au but en vue duquel on l'a constituée. Le pépiniériste vigneron, l'homme qui dompte des chevaux ou qui s'applique au dressage des chiens ont cette ambition. Et les méthodes d'éducation et d'instruction, à quel but tendent-elles directement ? Voilà donc ce qui a du prix. Si tu y réussis, tu ne rechercheras plus d'autre bien.

Ne cesseras-tu pas d'estimer encore bien d'autres choses ? Ne te rendras-tu pas libre, capable de te suffire, sans passion ? C'est qu'il est fatal d'envier, de jalouser, de soupçonner ceux qui pourraient te ravir ces biens, ou de tendre des embûches à ceux qui détiennent ce que tu estimes. Bref, nécessairement, l'homme privé d'un de ces biens sera troublé et il adressera encore mille reproches aux Dieux. Au contraire, le respect et l'estime dont tu entoureras ta propre intelligence feront de toi un homme qui se plaît à soi-même, bien adapté à la vie sociale et d'accord avec les Dieux, c'est-à-dire approuvant pleinement la répartition faite par eux des lots à recevoir et des places à occuper.

17 En haut, en bas, circulairement se portent les atomes. Mais le mouvement de la vertu n'est compris dans aucun de ces mouvements. C'est plutôt quelque chose de divin et c'est par une voie difficile à concevoir qu'elle suit son chemin.

18 Qu'étrange est leur conduite ! Leurs contemporains et leurs concitoyens, ils ne veulent pas les louer, mais ils attachent le plus haut prix à être loués eux-mêmes par leurs successeurs, qu'ils n'ont jamais vus et ne verront jamais. C'est à peu près comme si tu t'affligeais de ce que tes prédécesseurs n'ont pas tenu sur toi de propos louangeurs.

19 Ne va pas, si tu trouves, quant à toi, qu'une chose est difficile à exécuter, supposer que c'est impossible à l'homme ; mais ce qui est possible et naturel à l'homme, crois que tu peux y atteindre, toi aussi.

20 Dans les exercices du gymnase, quelqu'un, de ses ongles, nous a égratignés ou, se jetant sur nous, nous a meurtris d'un coup de tête. Cependant nous ne manifestons pas, nous ne nous offensons pas, nous ne le soupçonnons pas de nous vouloir du mal à l'avenir. Certes, nous nous gardons de lui, mais non comme d'un ennemi ni avec méfiance : nous l'évitons bienveillamment. Qu'il en soit à peu près de même dans les autres moments de la vie. Négligeons beaucoup de choses

de la part de ceux qui sont, pour ainsi dire, nos compagnons de gymnase. Il est possible, en effet, comme je disais, de les esquiver, sans nous défier d'eux, ni les haïr.

21 Si quelqu'un peut me convaincre avec preuves à l'appui que mes opinions ou ma conduite ne sont pas droites, avec plaisir j'en changerai. Je cherche la vérité, qui n'a jamais nui à personne. C'est se nuire au contraire, que de persister dans son erreur et son ignorance.

22 Pour moi, je fais mon devoir. Le reste ne me tracasse pas, car ce sont ou des objets inanimés ou des êtres privés de raison ou égarés et qui ne connaissent pas leur chemin.

23 Envers les animaux privés de raison et, en général, envers les choses et les objets qui tombent sous les sens, uses-en comme un être doué de raison envers d'autres qui en sont privés, noblement, libéralement ; mais envers les hommes, considérant qu'ils sont doués de raison, use en outre de la sociabilité. Puis, en toute occasion, invoque les Dieux ! Et ne t'inquiète pas de savoir combien de temps tu agiras ainsi : c'est assez même de trois heures employées de la sorte.

24 Alexandre de Macédoine et son muletier, une fois morts, furent réduits au même point : ou bien ils furent résorbés dans les mêmes raisons génératrices du monde ou bien ils se dispersèrent pareillement parmi les atomes.

25 Considère combien de choses, dans le même instant infinitésimal, se produisent simultanément en chacun de nous, tant dans le domaine du corps que dans celui de l'âme. Ainsi tu ne seras pas surpris qu'il se produise beaucoup plus d'événements, ou plutôt qu'ils se produisent tous simultanément dans l'être à la fois unique et universel, que nous appelons le monde.

26 Si l'on te posait cette question : Comment s'écrit le nom d'Antonin ? Irais-tu crier de toute ta force chacune des lettres de ce mot ? Eh quoi ? Si l'on se fâchait, te fâcherais-tu à ton tour ? Ne poursuivrais-tu pas plutôt posément l'épellation de chaque lettre ? De même donc, dans la réalité, souviens-toi

que tout devoir se compose d'un certain nombre de temps. Il faut, en les observant et sans te troubler ni te fâcher en retour contre ceux qui se fâcheraient après toi, achever méthodiquement l'action proposée.

27 Comme il est cruel de ne pas permettre aux hommes de se porter à ce qui leur apparaît naturel et avantageux ! Et pourtant, en un sens, tu ne leur concèdes pas d'agir ainsi, quand tu te fâches des fautes qu'ils commettent. Il s'y portent, en effet, absolument comme à des choses naturelles et avantageuses. – Mais il n'en est pas ainsi ! – Alors instruis-les, montre-leur, mais sans te fâcher.

28 La mort, c'est le repos où cessent les impressions que nous renvoient les sens, les mouvements instinctifs qui nous tiraillent comme des pantins, les divagations de la pensée discursive, les soins qu'on rend à la chair.

29 Il est honteux que, quand ton corps ne renonce pas à cette vie, ton âme y renonce la première.

30 Prends garde de te césariser à fond, de t'imprégner <de cet esprit>, car c'est ce qui a lieu. Conserve-toi donc simple, honnête, pur, grave, naturel, ami de la justice, pieux, bienveillant, affectueux, ferme dans l'accomplissement des devoirs. Lutte pour demeurer tel que la philosophie a bien voulu te former. Révère les Dieux ; secours les hommes. Brève est la vie. Le seul fruit qu'on puisse retirer de cette existence terrestre, ce sont de saintes dispositions et des actions inspirées par le bien social. En tout, montre-toi l'élève d'Antonin. Imite sa constance dans les entreprises bien calculées, son égalité d'âme en toutes occasions, sa piété, la sérénité de ses traits, sa douceur, son indifférence à la gloriole, son ardeur à bien saisir les affaires. Comme il ne lâchait jamais une question qu'il ne l'eût pénétrée à fond et nettement comprise ; comme il ne supportait les reproches immérités, sans y répondre par d'autres reproches ; comme il ne se hâtait pour rien ; comme il n'accueillait pas la calomnie ; comme il étudiait de près les caractères et les actions ; comme

il n'humiliait personne ; comme il n'aimait pas le tapage, les soupçons, le charlatanisme ; comme il se contentait de peu, par exemple pour sa demeure, sa couche, ses vêtements, sa table, le service domestique ; comme il était laborieux et patient, au point de pouvoir demeurer dans le <même lieu> du matin au soir grâce à un régime simple et sans avoir besoin de rejeter le superflu des aliments qu'à son heure habituelle. <Rappelle-toi> la solidité et la constance de ses amitiés ; comme il supportait que l'on contredît franchement ses avis ; comme il était heureux qu'on lui suggérât un meilleur parti ; comme il était religieux sans superstition. <Imite-le>, afin d'avoir une aussi bonne conscience que lui, quand surviendra ta dernière heure[44].

31 Recouvre le sens, reviens à toi et, sorti de ton sommeil, ayant compris que c'étaient des rêves qui te troublaient, regarde à nouveau les choses, les yeux bien éveillés, comme tu les regardais naguère.

32 Je suis composé d'un corps et d'une âme. Au corps tout est indifférent, car il ne peut être sensible à la différence. Quant à l'âme, tout ce qui n'est pas son activité propre, tout cela dépend d'elle. Et encore, dans ces limites, seul l'instant présent l'intéresse-t-il, car son activité future ou passée lui est aussi, en ce moment, indifférente.

33 La main ni le pied ne font un travail contre nature, tant que le pied remplit la fonction du pied et la main, celle de la main. De même donc l'homme, en tant qu'homme, ne fait pas un travail contre nature, tant qu'il remplit sa tâche d'homme. Et si ce qu'il fait n'est pas contraire à sa nature, ce n'est pas non plus un mal pour lui.

34 Quels plaisirs ont goûtés les brigands, les débauchés, les parricides, les tyrans ?

---

44. Cf. I, 16, où se trouve un autre portrait d'Antonin, postérieur, dont celui-ci peut être regardé comme l'ébauche.

35 Ne vois-tu pas que, si les artisans s'accommodent jusqu'à un certain point des profanes, ils n'en restent pas moins attachés aux principes de leur art et ne supportent pas de s'en écarter ? N'est-il pas étrange que l'architecte et le médecin respectent mieux la raison de leur art que l'homme, la sienne propre, qui lui est commune avec les Dieux ?

36 L'Asie, l'Europe, sont des coins de l'univers ; tout n'est qu'une goutte dans l'univers ; un Athos, une motte dans l'univers ; tout le présent, un point de l'éternité. Tout est mesquin, instable, en train de s'évanouir.
Tout provient de là-haut, mis en mouvement par ce grand principe directeur commun ou par voie de conséquence. Donc la gueule béante du lion, le poison, tout ce qui fait du mal, comme l'épine, la fange, sont des accessoires de ce qu'il y a là-haut de vénérable et de beau. Ne t'imagine donc pas que ce soit là quelque chose d'étranger à Celui que tu révères, mais réfléchis à la source d'où viennent toutes choses.

37 Qui a vu le présent a tout vu, et tout ce qui a été depuis l'infini et tout ce qui sera à l'infini ; car toutes choses ont même origine et mêmes aspects.

38 Considère fréquemment la cohésion de tout ce qui existe dans le monde et les étroits rapports des choses entre elles. En un sens, toutes s'enchaînent les unes aux autres et toutes, pour cette raison, sont amies entre elles. Elles tiennent toutes les unes aux autres à cause du mouvement bien ordonné, du concert parfait et de l'union de la substance.

39 Mets-toi d'accord avec les choses auxquelles le sort t'a lié ; aime les hommes que le sort te donne pour compagnons, mais que ce soit du fond du cœur !

40 Un instrument, un outil, un ustensile quelconque, s'il fait le travail pour lequel on l'a construit, est réussi ; et pourtant, dans ce cas, le constructeur n'est plus là. Mais quand il s'agit des êtres constitués par une nature, la force constructive est en eux et elle y demeure. Aussi faut-il l'en révérer davantage

et bien admettre que si, quant à toi, tu es disposé et tu te conduis selon ton dessein, tout, pour toi, marche à souhait. De même marche à souhait pour le tout ce qui le concerne.

41 Quoi que tu considères, de ce qui est soustrait à ton libre arbitre, comme un bien ou comme un mal pour toi, il est fatal que, si un tel mal t'arrive ou si un tel bien t'échappe, tu adresses des reproches aux Dieux et tu haïsses les hommes, soit que tu les accuses d'être, soit que tu les soupçonnes de pouvoir être les auteurs responsables de cette privation ou de cet accident. Nous commettons aussi beaucoup d'injustices à cause des différends qui surgissent pour ces objets. Au contraire, si nous ne considérons comme des biens ou des maux que ce qui dépend de nous, il ne nous reste plus aucune raison ni d'accuser les Dieux ni de nous tenir, d'homme à homme, sur un pied de guerre.

42 Tous nous collaborons à l'achèvement d'une seule œuvre, les uns sciemment et intelligemment, les autres à leur insu. C'est ainsi qu'Héraclite, je crois, appelle les dormeurs eux-mêmes des ouvriers et des collaborateurs de ce qui se fait dans le monde. Mais chacun collabore à sa manière, même par surcroît celui qui critique et qui tente de contrecarrer et de détruire ce qui s'y fait. C'est que le monde a aussi besoin de cette sorte de gens. Au reste, vois de quel côté tu entends te ranger. De toute façon, il saura bien t'employer, Celui qui gouverne l'univers et Il te fera une place parmi ses collaborateurs et ceux qui sont capables de collaborer. De ton côté, ne sois pas à cette place comme le vers plat et risible dans la tragédie que mentionne Chrysippe[45].

---

45. « De même que les comédies renferment parfois des vers risibles, qui, sans valeur en eux-mêmes, ajoutent toutefois une certaine grâce à l'ensemble du poème, de même le vice, blâmable en lui-même, ne laisse pas d'être utile sous d'autres aspects » (fragment de Chrysippe).

43 Est-ce que le soleil estime devoir faire l'œuvre de la pluie ?
Asclépios, celle de la déesse des moissons[46] ? Que dirai-je de
chacun des astres ? Tous, quoique différents, ne collaborent-
ils pas à la même œuvre ?

44 Si les Dieux ont délibéré sur moi et sur ce qui devait m'arriver,
ils ont bien délibéré, car un Dieu qui ne délibérerait pas, ce
n'est même pas facile à concevoir. Et pourquoi eussent-ils
dû se porter à me faire du mal ? Quel profit en eussent-ils
retiré, soit pour eux, soit pour l'univers, qui est leur grande
préoccupation ? Que s'ils n'ont pas délibéré sur moi en particulier, de toute façon ils ont délibéré sur l'intérêt général
et, comme ce qui m'arrive en est aussi une conséquence, je
dois bien l'accueillir et m'en déclarer satisfait.
Si maintenant ils ne délibèrent sur rien – et le croire est une
impiété ; sinon, supprimons sacrifices, prières, serments
et les autres rites dont chacun suppose que, dans notre
pensée, nous nous adressons à des Dieux présents et mêlés
à notre vie – si, dis-je, ils ne délibèrent sur rien de ce qui
nous concerne, j'ai bien le droit, moi, de délibérer sur moi-
même, je puis examiner quel est mon intérêt. Or l'intérêt
de chacun découle de sa constitution et de sa nature ; et ma
nature à moi est raisonnable et sociable.
Ma cité et ma patrie, en tant qu'Antonin, c'est Rome ; en
tant qu'homme, c'est le monde. Donc les intérêts de ces
cités sont pour moi les seuls biens.

45 Tout ce qui arrive à chacun est utile à l'ensemble. Cela suffirait. Mais en outre, dans la plupart des cas, tu observeras, si
tu y prêtes attention, que tout ce qui est utile à un homme
l'est aussi aux autres hommes. Qu'on prenne cette fois ce mot
d'*utile* au sens qu'il a communément, quand on l'applique
aux choses indifférentes.

---

46. Déméter Carpophoros, dont les bras sont chargés des fruits
de la terre.

46 De même que tu es écœuré par les jeux de l'amphithéâtre et des dieux analogues, parce qu'on y voit toujours les mêmes choses et que la monotonie rend le spectacle fastidieux, tu éprouveras les mêmes sentiments à considérer la vie d'un bout à l'autre. En tout, du haut en bas, mêmes effets, produits par les mêmes causes. Jusqu'à quand ?

47 Considère sans cesse les hommes de toutes sortes, de toutes professions et de toutes classes, qui sont morts. Descends jusqu'à Philistion, Phœbus, Origanion[47]. Passe maintenant aux autres races. Il nous faut donc émigrer là où sont rendus tant de puissants orateurs, tant de graves philosophes : Héraclite, Pythagore, Socrate, et tant de héros avant eux, et après eux tant de généraux, de tyrans ! Ajoute encore Eudoxe, Hipparque, Archimède[48], d'autres génies pénétrants, de nobles esprits, ardents au travail, industrieux, acharnés railleurs de cette vie humaine, précisément, vouée à la mort et éphémère, tels Ménippe et tous leurs pareils. À propos d'eux tous, considère qu'ils sont morts depuis longtemps. Qu'y a-t-il là pour eux d'extraordinaire ? Et que dire de ceux qu'on ne nomme même pas ?

En somme, voici la seule chose qui ait du prix : c'est de passer sa vie dans la sincérité et la justice, tout en voulant du bien aux menteurs et aux injustes.

48 Quand tu désires te réjouir le cœur, considère les supériorités de tes compagnons, par exemple : l'activité de l'un, la réserve de l'autre, la libéralité d'un troisième et, d'un autre, quelque autre qualité. Rien ne nous donne tant de joie que les exemplaires des vertus, quand elles se manifestent dans la conduite de nos compagnons et qu'elles s'offrent à nos

---

47. Ces trois noms sont inconnus.
48. Eudoxe de Cnide, contemporain et peut-être élève de Platon, Hipparque, sont célèbres dans l'astronomie antique. Archimède est un mathématicien de génie qui a devancé le calcul intégral.

yeux en foule serrée autant que possible. C'est pourquoi il faut les garder sans cesse à ta portée.

49 Te fâches-tu de ne peser que tant de livres et non trois cents ? Fais donc de même, s'il te faut vivre tel nombre d'années et non davantage. Comme tu es satisfait de la part de substance qui t'a été attribuée, qu'il en soit de même du temps !

50 Essaie de les persuader, mais agis même malgré eux, quand la raison de la justice l'exige ainsi. Toutefois, si l'on emploie la violence pour te barrer le chemin, recours à la complaisance et à la bonne humeur ; utilise cet obstacle pour atteindre une autre vertu et souviens-toi que tu ne te portais à l'action que sous réserve, que tu ne visais pas l'impossible. Quel était donc le but ? Te porter de la sorte à l'action. Ce but, tu l'atteins. Dès qu'on fait les premiers pas, l'action se réalise.

51 L'homme amoureux de la gloire fait consister son bonheur dans l'activité d'autrui ; le voluptueux, dans ses propres sensations ; l'homme intelligent, dans sa propre conduite.

52 Il est permis, sur ce sujet, de ne pas avoir d'opinion et d'éviter le trouble à ton âme, car, en elles-mêmes, les choses n'ont pas une nature à créer nos jugements.

53 Habitue-toi à prêter la plus grande attention à ce qu'on te dit et, autant que possible, pénètre dans l'âme de celui qui parle.

54 Ce qui n'est pas utile à la ruche n'est pas non plus utile à l'abeille.

55 Si les matelots injuriaient l'homme de barre ou les malades le médecin, se préoccuperaient-ils d'autre chose que des moyens mis en œuvre par l'un pour sauver l'équipage, par l'autre pour guérir ses clients ?

56 Combien d'hommes entrés avec moi dans le monde en sont déjà partis !

57 À ceux qui ont la jaunisse, le miel paraît amer ; ceux qui sont atteints de la rage redoutent de boire et les enfants trouvent leur balle bien jolie. Pourquoi donc me fâcher ? Te semble-t-il

que l'erreur soit moins forte que la bile chez l'ictérique et le virus chez l'homme mordu par une bête enragée ?

58 Personne ne t'empêchera de vivre selon la raison de ta nature et rien ne t'arrivera qui viole la raison de la nature universelle.

59 Que sont-ils, ceux à qui l'on veut plaire ? et pour quels résultats et par quels procédés ? Comme le temps aura vite englouti tout cela et que de choses il a déjà englouties !

LIVRE VII

1   Qu'est-ce que le vice ? C'est ce que tu as vu souvent. D'ailleurs, à tout ce qui arrive, tiens prête cette remarque : c'est ce que tu as vu souvent. En somme, en haut comme en bas, tu trouveras les mêmes scènes, qui remplissent les histoires, les anciennes, les intermédiaires, les contemporaines, scènes qui remplissent aujourd'hui encore nos villes et nos maisons. Rien de nouveau. Tout est banal et éphémère.

2   Les principes vivent. Comment pourraient-ils mourir, à moins que les idées qui leur correspondent ne s'éteignent ? Or celles-ci, il dépend de toi de les raviver sans cesse.

Je puis, sur tel sujet, me faire l'opinion qu'il faut. Et si je le puis, pourquoi me troubler ? Ce qui se passe en dehors de mon intelligence n'existe absolument pas pour mon intelligence. Apprends-le et te voilà droit.

Il t'est loisible de revivre. Vois à nouveau les choses comme tu les as vues, car c'est là revivre.

3   Vaine recherche du faste, drames sur la scène, troupes de gros et de petit bétail, coups de lances au travers du corps, os qu'on jette aux chiens, boulette lancée aux poissons des viviers, efforts misérables de fourmis lourdement chargées, courses en tout sens de souris éperdues, pantins tiraillés par des ficelles ! Il faut donc assister à ce spectacle avec indulgence et ne pas prendre une attitude de morgue ;

observer toutefois que chacun vaut ce que valent les buts qu'il s'efforce d'atteindre.

4   Il faut suivre, mot à mot, ce qu'on dit et, à chaque impulsion, ce qui en résulte. Dans ce dernier cas, il faut voir d'abord à quel but se rapporte l'impulsion ; dans le premier, c'est au sens des mots qu'il faut veiller.

5   Mon intelligence suffit-elle pour cela, oui ou non ? Si elle suffit, je m'en sers pour exécuter ce travail, comme d'un outil donné par la nature universelle. Si elle ne suffit pas, ou bien je cède ce travail à qui saura mieux s'en acquitter (à moins que les convenances ne s'y opposent), ou bien je l'exécute de mon mieux après m'être adjoint l'homme capable de faire, avec l'aide de mon principe directeur, ce qui est présentement opportun et utile à la communauté. Quoi que je fasse, ou seul ou avec un auxiliaire, je dois toujours tendre à ce but unique : ce qui est utile à la communauté et accordé avec elle.

6   Combien d'hommes, qu'on célébrait à l'envi, sont aujourd'hui tombés dans l'oubli ! Et combien, qui les célébraient, ont depuis longtemps disparu !

7   N'aie pas honte d'être aidé. Tu as à accomplir la tâche qui t'échoit, comme un soldat à l'assaut d'un rempart. Que ferais-tu donc, si une boiterie t'empêchait d'escalader seul le créneau et que, avec l'aide d'un autre, ce te fût possible ?

8   Que l'avenir ne te trouble pas ! Tu y arriveras, s'il le faut, portant en toi la même raison dont tu te sers maintenant pour les affaires présentes.

9   Toutes choses s'enchaînent entre elles et leur connexion est sacrée et aucune, peut-on dire, n'est étrangère aux autres, car toutes ont été ordonnées ensemble et contribuent ensemble au bel ordre du même monde. Un, en effet, est le monde que composent toutes choses ; un le Dieu répandu partout ; une la substance, une la loi, une la raison commune à tous les êtres intelligents ; une la vérité, car une aussi est

86

la perfection pour les êtres de même famille et participant de la même raison.

10 Tout ce qui est matériel s'évanouit en un instant dans la substance universelle ; toute cause rentre en un instant dans la substance universelle ; tout souvenir s'ensevelit en un instant dans l'éternité.

11 Pour l'être raisonnable, action naturelle et action raisonnable, c'est tout un.

12 Droit ou redressé.

13 Comme les membres du corps chez les êtres qui forment un tout, de même les intelligences raisonnables, quoique appartenant à des êtres distincts, sont constituées pour agir de concert. Cette pensée te frappera davantage, si tu te répètes souvent : « Je suis un membre du corps formé par les intelligences raisonnables. » Mais si tu dis simplement, avec la lettre ρ[49] : « J'en fais partie », c'est que tu n'aimes pas encore les hommes du fond du cœur, que tu ne te plais pas encore absolument à leur faire du bien ; tu leur en fais toujours simplement par devoir, sans comprendre encore que tu te fais ainsi du bien à toi-même.

14 Qu'il survienne du dehors tel accident qui voudra à ce que cet accident peut affecter ! Ce qui en aura été affecté, s'il le veut, n'a qu'à se plaindre. Mais moi, si je n'ai pas l'opinion que cet accident est un mal, je n'ai encore subi aucun dommage. Or je puis m'abstenir d'avoir cette opinion.

15 Quoi qu'on fasse ou dise, il me faut être un homme de bien. C'est comme si l'or, l'émeraude ou la pourpre répétait : Quoi qu'on fasse ou dise, il me faut être émeraude et conserver ma couleur propre.

---

49. *Membre* et *partie*, en grec, ne diffèrent que par une seule lettre : *mélos, méros.*

16 Mon guide intérieur ne se cause pas de trouble à lui-même ; je veux dire : il ne s'effraie... † ni ne s'afflige lui-même. Si quelque autre peut l'effrayer ou l'affliger, qu'il le fasse ! De lui-même mon guide, usant de sa faculté opinante, ne se soumettra pas à pareilles déformations. Que le corps s'inquiète pour son compte, s'il le peut, de ne pas souffrir ! Et s'il souffre, qu'il le déclare ! L'âme qu'on veut effrayer ou affliger, mais qui, en somme, opine là-dessus, n'a rien à craindre : sa constitution ne l'oblige pas à un tel jugement. Le guide intérieur est, par lui-même, sans besoin, à moins qu'il ne se crée un besoin à lui-même ; et c'est pourquoi rien ne peut le troubler ni l'entraver, si lui-même ne se trouble ni ne s'entrave.

17 Le bonheur, c'est un bon Génie[50] ou un bon † guide intérieur. Que viens-tu faire ici, ô mon imagination ? Va-t'en, au nom des Dieux, comme tu es venue ! Je n'ai pas l'habitude de toi. Tu es venue selon ta vieille habitude. Je ne m'en fâche pas, mais va-t'en !

18 Craint-on de changer ? Mais rien peut-il se produire, sinon par changement ? Peux-tu te nourrir, que tes aliments ne subissent un changement ? Une seule autre action utile peut-elle s'accomplir qui n'exige un changement ? Ne vois-tu donc pas que ton propre changement est un fait semblable et semblablement nécessaire à la nature universelle ?

19 La substance universelle, comme un torrent, entraîne tous les corps : ils font un avec le tout et ils y collaborent, comme entre eux collaborent nos membres.
Que de Chrysippes, que de Socrates, que d'Épictètes le temps à déjà engloutis ! Que la même réflexion s'offre à toi à propos de tout homme et de toute chose.

20 Une seule chose me tourmente, c'est la crainte de faire, quant à moi, ce que la constitution de l'homme ne veut

---

50. *Bonheur* en grec veut dire *bon génie*.

pas que je fasse, ou comme elle ne veut pas, ou ce qu'elle ne veut pas en ce moment.

21 Bientôt tu auras tout oublié ; bientôt tous t'auront oublié.

22 Le propre de l'homme, c'est d'aimer même ceux qui l'offensent. Le moyen d'y parvenir, c'est de te représenter qu'ils sont tes parents, qu'ils pèchent par ignorance ou involontairement ; que, dans un instant, les uns et les autres, vous serez morts ; et surtout qu'on ne t'a pas nui, car on n'a pas lésé ta faculté directrice, restée ce qu'elle était.

23 La nature universelle emploie la substance universelle, comme une cire, pour modeler d'abord un cheval, puis elle le refond et, de sa matière, elle se sert pour former un arbre, puis un homme, puis quelque autre objet. Et chacun de ces êtres n'a existé que pour un instant. Or un coffre qu'on démonte n'a pas plus à en souffrir que d'avoir été assemblé.

24 Un visage qui respire la haine n'est pas trop contraire à la nature. En cas d'accès fréquents, † la beauté de la face se meurt et finit par s'éteindre, de sorte qu'il soit absolument impossible de la ranimer. Mais ce qu'il faut bien tâcher de comprendre, c'est que cet état est contraire à la raison, car si l'on perd la conscience de mal faire, quel motif a-t-on encore de vivre ?

25 Tous ces objets que tu vois vont être transformés en un clin d'œil par la nature qui gouverne le tout. De leur substance, elle fera d'autres objets, puis de la substance de ceux-ci d'autres encore, afin que le monde soit toujours jeune.

26 Quand un homme a commis une faute à ton égard, considère aussitôt quelle opinion sur le bien ou le mal lui a fait commettre cette faute. Quand tu en auras vu la raison, tu le plaindras, tu n'éprouveras plus ni surprise ni colère. En effet, ou bien, toi aussi, tu continues d'avoir la même opinion que lui sur bien, ou une autre analogue, et tu dois donc lui pardonner ; ou tu ne partages plus son opinion sur le bien et le mal, et l'indulgence pour sa méprise te sera plus aisée.

27 Ne considère pas les choses absentes comme présentes ;
mais parmi les choses présentes, suppute ce qu'il y a de plus
heureux et, à ce propos, imagine avec quelle ardeur tu les re-
chercherais, si elles n'étaient présentes. Mais en même temps
prends garde qu'à te complaire ainsi aux choses présentes,
tu ne t'habitues à les surestimer ; car, en agissant ainsi, si tu
venais un jour à les perdre, tu seras bouleversé.

28 Recueille-toi en toi-même. Par nature, la raison qui te gouverne se suffit à elle-même, quand elle pratique la justice et
que, ce faisant, elle conserve son calme.

29 Abolis l'imagination. Arrête cette agitation de pantin.
Délimite le moment présent. Reconnais ce qui arrive, à toi
ou à autrui. Divise et analyse l'objet donné en sa cause et
en sa matière. Pense à ta dernière heure. La faute commise
par cet homme, laisse-la où elle a pris naissance.

30 Confronte avec soin l'idée et les paroles. Pénètre en esprit
dans les effets et dans les causes.

31 Fais briller en toi la simplicité, la pudeur, l'indifférence
pour ce qui est intermédiaire entre la vertu et le vice. Aime
le genre humain. Prends Dieu pour guide.
Celui-là[51] prétend que tout est conventionnel, que seuls
les atomes sont réels. – Il suffit de réfléchir qu'il n'est pas
vrai que toutes choses soient conventionnelles ; il en est
même fort peu.

32 Sur la mort : Ou bien c'est dispersion, s'il y a des atomes ; si le
monde forme un tout uni, elle est extinction ou émigration.

33 Sur la douleur[52] : Ce qui est intolérable tue, ce qui dure est
tolérable. L'intelligence peut, en se retirant en elle-même,
conserver son calme ; la faculté directrice n'en est donc pas

---

51. Il s'agit de Démocrite d'Abdère, fondateur de l'école atomistique.
52. C'est une des maximes d'Épicure commentée encore plus
loin : VII, 64.

lésée. Quant aux autres parties que la douleur maltraite, qu'elles s'expriment là-dessus, si elles le peuvent !

34 Sur la gloire : Examine leurs pensées, ce qu'elles sont et quels sont les objets de leurs craintes et de leurs désirs. Et ceci : Comme les dunes, s'amoncelant les unes sur les autres, cachent les précédentes, de même dans la vie les formations précédentes sont recouvertes en un rien de temps par celles qui montent derrière elles.

35 *« L'âme douée d'une certaine hauteur de vue et capable d'embrasser toute la durée et toute la matière, crois-tu qu'elle fasse grand cas de la vie humaine ? – Impossible, dit-il. – Alors une telle âme ne considérera pas la mort comme un malheur ? – Pas le moins du monde[53]. »*

36 *« C'est chose royale d'être payé des bienfaits en calomnies[54]. »*

37 C'est une honte, que le visage soit docile à se façonner et à se composer au gré de l'intelligence, alors que celle-ci est impuissante à se façonner et à se composer elle-même.

38 *« Il ne faut pas se fâcher contre les choses, car elles n'en ont cure[55]. »*

39 *« Aux Dieux Immortels, ainsi qu'à nous, puisses-tu donner des sujets de joie[56] ! »*

40 *« Moissonner la vie, comme un épi gonflé de grains, et que l'un continue d'être , et non pas l'autre[57]. »*

41 *« Si les Dieux m'ont oubliée avec mes deux enfants, cela même a sa raison. »*

42 *« Le bien et la justice sont avec moi[58]. »*

---

53. Platon, *République*, VI 486 a.
54. Antisthène à Cyrus, cité par Épictète, *Entretiens*, IV, 6, 20.
55. Fragment du *Bellérophon* d'Euripide.
56. Auteur inconnu.
57. Fragments d'Euripide : *Hypsipylé* et *Antiope*.
58. Aristophane, *Acharniens*, v. 661.

43 Ne s'associer ni à leurs lamentations, ni à leurs convulsions !

44 « *Pour moi, je lui répliquerais avec justice : Tu as tort, mon ami, de croire qu'un homme, pour peu qu'il ait de la valeur, doive calculer les chances qu'il a de survivre ou de mourir, et qu'il ne doive pas examiner seulement, lorsqu'il agit, si ses actions sont justes ou injustes, si elles sont celles d'un homme de bien ou d'un méchant*[59]. »

45 « *Il en est ainsi, Athéniens, en vérité. Quand on occupe un poste, parce qu'on l'a estimé le plus convenable ou qu'un chef vous l'a assigné, c'est là qu'il faut rester à mon avis et risquer, sans tenir compte ni de la mort, ni de rien d'autre, plutôt que d'être déshonoré*[60] *!* »

46 « *Eh bien ! mon cher, prends garde que ce qui est noble, ce qui est bien, ce n'est peut-être pas de sauver la vie des autres ni de sauver la sienne. Cette question de la durée de la vie, un homme digne de ce nom ne doit-il pas s'en soucier fort peu ? Doit-il tenir à son existence ? Ne doit-il pas plutôt s'en rapporter aux Dieux là-dessus et croire le dire des bonnes femmes, que sa destinée, personne ne saurait l'éviter ? Ne doit-il pas, autant qu'il est en lui, examiner le meilleur moyen de passer le plus dignement possible le temps qu'il doit vivre*[61] *?* »

47 Embrasse du regard le cours des astres, comme s'ils t'emportaient dans leurs révolutions, et considère sans cesse comment les éléments se transforment les uns en les autres. Ces contemplations purifient des souillures d'ici-bas[62].

---

59. Platon, *Apologie*, 28 b.
60. *Ibidem.*
61. Platon, *Gorgias*, 512 b.
62. Cette pensée, comme les précédentes et les suivantes, est peut-être une simple citation, mais d'un auteur inconnu. C'est sans doute le cas de bien d'autres. Le départ n'est pas toujours facile des pensées originales de Marc Aurèle et des notes qu'il avait recueillies.

48 Beau passage de Platon : « Eh bien ! Celui qui discourt sur les hommes doit considérer aussi, comme de quelque lieu élevé, ce qui se passe sur la terre : cohues, armées en campagne, travaux dans les champs, mariages et divorces, naissances et décès, brouhaha des tribunaux et contrées désertes, peuplades diverses de barbares, fêtes et deuils, réunions publiques, tout le pêle-mêle et les contrastes qui contribuent au bel ordre de l'ensemble[63]. »

49 À considérer le passé, puis tous les changements qui se font dans le présent, on peut assister d'avance à l'avenir. Car le spectacle sera toujours absolument pareil et l'on ne saurait s'écarter du rythme des événements. Aussi, contempler la vie humaine quarante ou dix mille années, c'est équivalent. Que verras-tu de plus ?

50 *« Et ce qui est produit de la terre retourne à la terre et ce qui est issu d'un germe de l'éther remonte vers la voûte céleste[64]. »* Autrement dit, c'est la dissolution des combinaisons nouées entre les atomes et, en termes analogues, la dispersion des impassibles éléments.

51 Et :

« Par des aliments, des boissons et des sortilèges, on essaie de détourner le cours du destin, pour éviter la mort[65]. »

« Le grand souffle du vent déchaîné par les Dieux, force est de l'endurer parmi les souffrances lamentables[66]. »

52 Qu'un autre soit plus fin lutteur que toi, <soit> ! mais non plus dévoué au bien social, ni plus réservé, ni mieux rangé aux événements, ni plus indulgent aux méprises du prochain.

---

63. Ce n'est pas une citation proprement dite de Platon, mais sans doute une réflexion personnelle de Marc Aurèle après la lecture du *Théétète*, 173 c-176 a.

64. Fragment du *Chrysippe* d'Euripide, qui expose les idées d'Anaxagore.

65. Euripide, *Suppliantes*, 1110-1111.

66. Auteur inconnu.

53 Quand une tâche peut être accomplie suivant la raison commune aux hommes et aux Dieux, il n'y a là rien à craindre, car quand l'homme parvient à se rendre utile par une activité bien dirigée et qui progresse suivant sa constitution, il n'y a là aucun dommage à redouter.

54 Partout et sans cesse il dépend de toi de faire bon accueil, par respect envers les Dieux, à la conjoncture présente, de te comporter suivant la justice avec les hommes présents et de contrôler soigneusement l'idée présente, afin qu'il ne s'y glisse rien que tu n'aies bien saisi.

55 Ne te détourne pas pour regarder dans l'âme des autres, mais dirige tes regards droit sur ce point : où la nature te mène-t-elle, la nature universelle par le moyen des événements qui t'arrivent et ta nature propre par le moyen des devoirs qu'elle t'impose ? Chaque être doit faire ce qui est en rapport avec sa constitution. Les autres êtres sont constitués en vue des raisonnables et, en tout cas, les inférieurs pour les supérieurs, mais les êtres raisonnables sont faits les uns pour les autres. Donc, le caractère qui prédomine dans la constitution de l'homme, c'est la sociabilité. Le second, c'est la faculté de ne pas s'abandonner aux passions qui affectent le corps. Le propre du mouvement raisonnable et intelligent est, en effet, de se limiter en lui-même, de ne jamais être vaincu par les mouvements provenant des sens ou de l'instinct, car ces deux sortes de mouvements sont de nature animale. Le mouvement intelligent entend tenir le premier rang et n'être pas dominé par ceux-là, et à juste titre, car il a été fait pour se servir de tous les autres. En troisième lieu, la constitution de l'être raisonnable comporte qu'il ne soit ni prompt à juger ni facile à tromper. Donc que ton guide intérieur, s'attachant à ces privilèges, suive droit son chemin et il possède ce qui est à lui.

56 Comme si tu étais mort et si l'instant présent était le terme de ta vie, il te faut passer selon la nature l'excédent qui t'est laissé.

57 N'aime que ce qui t'arrive, ce qui forme la trame de ta vie. Est-il rien de mieux fait pour toi ?

58 À chaque conjoncture, mets-toi devant les yeux ceux à qui même chose est arrivée et puis qui s'en affligeaient, s'en étonnaient, récriminaient. Et maintenant où sont-ils ? Nulle part. Eh quoi ? Veux-tu faire comme eux ? Ne veux-tu pas laisser ces travers d'autrui à ceux qui les causent et les subissent et t'appliquer tout entier à tirer parti des événements ? Tu en tireras fort bien parti et ce sera pour toi une bonne matière à exercice. Applique seulement ton attention et ta volonté à mériter ta propre estime à chacune de tes actions et souviens-toi de cette double maxime : l'occasion de l'action n'importe guère[67]...

59 Fouille en dedans. C'est en dedans qu'est la source du bien et elle peut jaillir sans cesse, si tu fouilles toujours.

60 Le corps, lui aussi, doit se tenir ferme et ne pas se déjeter, ni quand il se meut, ni au repos. Ce que l'intelligence réussit à faire du visage, qu'elle maintient constamment harmonieux et noble, il faut l'exiger pareillement de l'ensemble du corps. Mais il faut veiller à tout cela en se gardant de l'affectation.

61 L'art de vivre ressemble plutôt à la lutte qu'à la danse en ce qu'il faut toujours se tenir en garde et d'aplomb contre les coups qui fondent sur vous et à l'improviste.

62 Considère sans cesse ce qu'ils sont, ces gens dont tu invoques le témoignage, et quels sont leurs principes directeurs. Tu ne les blâmeras pas, s'ils bronchent malgré eux, et tu n'auras pas besoin non plus de leur témoignage, si tu regardes à la source de leurs opinions et de leurs instincts.

63 Toute âme, dit-on, est privée malgré elle de la vérité[68]. Il en est donc ainsi de la justice, de la tempérance, de la bienveillance,

---

67. Suppléer : c'est la manière d'agir qui est tout.
68. Épictète, *Entretiens*, I, 28, 4 ; II, 22, 37. C'est la doctrine socratique.

de toutes les vertus analogues. Il est absolument indispensable
que tu t'en souviennes toujours ; tu en seras plus indulgent
envers tous.

64 À l'occasion de chaque douleur, aie présente cette pensée :
cela n'est pas honteux, cela ne lèse pas l'intelligence qui
me gouverne ; elle n'en est corrompue, ni en tant qu'elle
est raisonnable, ni en tant qu'elle est sociable.

En outre, dans les plus grandes douleurs, que cette maxime
d'Épicure vienne à ton secours : La douleur n'est ni intolérable ni éternelle, si tu te souviens de ses limites et que tu
n'imagines rien au-delà. Souviens-toi aussi bien des choses
qui nous ennuient sont, sans que cela paraisse, de véritables
douleurs, par exemple la somnolence, l'excès de chaleur, le
manque d'appétit. Si donc un de ces malaises t'ennuie dis-
toi : Je cède à la douleur.

65 Prends garde de jamais éprouver à l'égard des misanthropes ce
qu'éprouvent les misanthropes à l'égard des autres hommes.

66 Comment sait-on si Télaugès[69] n'était pas supérieur à Socrate
en dispositions morales ? Il ne suffit pas que Socrate ait eu
une fin plus glorieuse, ni qu'il ait déployé plus de subtilité
dans ses discussions avec les sophistes ou plus d'endurance à
monter la garde de nuit par la gelée ou, quand il reçut l'ordre
de mener en prison l'homme de Salamine[70], plus de noblesse
dans son refus, ni qu'il ait fait le paon dans les rues[71], ce qui
mériterait bien qu'on s'y arrêtât, si c'était vrai. Mais voici ce
qu'il faut examiner : en quelles dispositions se trouvait l'âme
de Socrate : s'il pouvait se borner à se montrer juste dans
ses rapports avec les Dieux, sans se fâcher de la perversité

---

69. Prétendu pythagoricien qui apparaît dans plusieurs légendes
contradictoires.
70. Léon le Salaminien, que les Trente voulaient faire arrêter : cf.
Platon, *Apologie*, 32 c-d.
71. Un des traits de satire qu'Aristophane accumule dans les *Nuées*.

des premiers ni s'asservir non plus à l'ignorance d'aucun d'entre eux, sans recevoir comme insolite rien de ce qui lui était assigné pour sa part sur l'ensemble ni le subir comme intolérable, sans exposer son intelligence à la contagion des passions charnelles.

67 La nature ne t'a pas mêlé si intimement au composé dont tu fais partie, qu'elle ne te permette de te limiter toi-même et de maintenir en ton pouvoir ce qui est tien. Il est par trop possible, en effet, quand on est un homme divin, qu'on ne soit reconnu de personne. Souviens-t'en toujours et encore de ceci : Le bonheur de la vie dépend d'un très petit nombre de conditions. Si tu désespères d'exceller dans la dialectique ou l'étude de la nature, ne renonce pas pour cela à être libre, modeste, sociable, docile à la voix de Dieu.

68 Traverse la vie libre de contrainte, l'âme pleinement heureuse, même si tous poussent contre toi les cris qu'il leur plaira, même si les fauves mettent en quartiers cette pâte molle que tu entretiens autour de toi. Qu'est-ce qui empêche ton âme, parmi toutes ces épreuves, de conserver son calme, de porter un jugement exact sur ce qui l'entoure et d'être toujours prête à tirer parti de ce qu'elle rencontre en chemin ? Ainsi, en tant que jugement, qu'elle dise à l'objet rencontré : « Tu es ceci ou cela par essence, quoique l'opinion te fasse paraître différent. » En tant que faculté d'utiliser l'accident, qu'elle lui dise : « Je te cherchais. Pour moi, le présent est toujours matière à vertu raisonnable et sociable et, en général, à industrie d'homme ou de Dieu. » Tout ce qui arrive, en effet, se rend familier à Dieu ou à l'homme ; rien n'est insolite ni malaisé à manier, mais tout est bien connu et commode à travailler.

69 La perfection morale comporte qu'on passe chaque journée comme si c'était la dernière, qu'on évite l'agitation, la torpeur, la fausseté.

70 Les Dieux, qui sont immortels, ne trouvent pas mauvais qu'il leur faille, au cours de tant de siècles, supporter à toute force

et toujours ces êtres méprisables, tels qu'ils sont et en tel nombre. Bien plus, ils en prennent soin de mille manières. Mais toi, qui vas finir dans un instant, tu renonces à la tâche, et cela, quand tu es toi-même l'un de ces êtres méprisables ?

71 C'est chose plaisante de ne pas se préserver de sa propre méchanceté, ce qui est possible, et de vouloir se préserver de celle d'autrui, ce qui est impossible.

72 Tout ce que la faculté raisonnable et sociable trouvera dénué d'intelligence et de sociabilité, c'est à bon droit qu'elle le jugera inférieur à elle-même.

73 Quand tu as fait du bien et qu'un autre est ton obligé, quelle troisième satisfaction recherches-tu encore en surplus, comme les insensés ? De passer pour un bienfaiteur ou d'être payé de retour ?

74 Personne ne se lasse de recevoir des services. En recevoir est une action conforme à la nature. Ne te lasse donc pas d'en recevoir, en même temps que tu en rends.

75 La nature universelle s'est portée à créer le monde. Dès lors, ou bien tout ce qui arrive en découle par voie de conséquence ou bien tout est irrationnel, même les événements les plus capitaux, auxquels l'âme directrice du monde se porte chaque fois en particulier. À maintes conjonctures, le rappel de cette pensée te permettra de faire face avec sérénité.

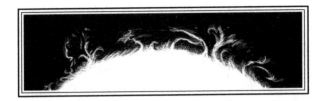

LIVRE VIII

1   Ceci aussi te porte à renoncer à toute vanité, c'est qu'il ne dépend plus de toi que toute ta vie, ou du moins la partie qui s'est écoulée depuis ta jeunesse, soit celle d'un philosophe ; au contraire, aux yeux de beaucoup d'autres comme à tes propres yeux, tu restes évidemment bien éloigné de la philosophie. Te voilà confondu ! Ainsi, il t'est désormais bien malaisé d'acquérir le renom de philosophe : le fondement même de ta vie s'y oppose. Si tu vois donc exactement comment se pose la question, ne te préoccupe plus de ce qu'on pensera de toi. Contente-toi de passer le reste de ta vie, quelle qu'en soit la durée, comme le veut ta nature. Réfléchis donc à ce qu'elle exige et qu'aucun autre souci ne te tourmente. Tu as reconnu, après combien d'erreurs ! que tu n'as pu trouver le bonheur nulle part, ni dans les syllogismes, ni dans la richesse, ni dans la gloire, ni dans la jouissance, nulle part. En quoi donc consiste-t-il ? À faire ce que réclame la nature de l'homme. Et comment y réussir ? Si l'on possède des principes qui règlent les instincts et les actions. Mais quels principes ? Ceux qui décident du bien et du mal et d'après lesquels il n'y a de bien pour l'homme que ce qui le rend juste, tempérant, courageux, indépendant – et rien de mal, que ce qui produit en lui les vices opposés.

2   À chacune de tes actions, demande-toi : De quelle sorte est-elle pour moi ? N'aurai-je pas à m'en repentir ? Encore

un peu et je suis mort et tout a disparu. Que rechercher de plus, si j'agis présentement en être intelligent, sociable et privilégié à l'égal de Dieu ?

3 Alexandre, César, Pompée, que sont-ils auprès de Diogène, Héraclite, Socrate ? Ceux-ci ont vu les choses, leurs causes et leurs matières, et leurs guides intérieurs étaient † autonomes. Ceux-là, combien de choses ils ignoraient, de combien ils étaient les esclaves !

4 Qu'ils n'en suivront pas moins les mêmes errements, dusses-tu en crever !

5 D'abord ne te laisse pas troubler, car tout se passe conformément à la nature universelle et avant peu tu ne seras plus personne, nulle part, non plus qu'Hadrien, qu'Auguste. Ensuite, tenant les yeux fixés sur ta besogne, observe-la bien et, te rappelant qu'il te faut être un honnête homme et ce que réclame la nature de l'homme, fais-le sans jeter de regards en arrière et de la manière qui te semble le plus conforme à la justice ; seulement que ce soit avec bonne humeur, modestie et sans faux-semblant.

6 La nature universelle a pour tâche de transporter là-bas ce qui est ici, de le transformer, de l'enlever de là pour le mettre ailleurs. Tout change, loin qu'on ait à craindre rien d'insolite, et tout est habituel, mais aussi les lots distribués sont équivalents.

7 Toute nature borne ses désirs à bien suivre sa voie. La nature raisonnable suit bien sa voie, si, dans l'ordre des idées, elle ne donne pas son assentiment à ce qui est faux ou douteux ; si, dans l'ordre des instincts, elle ne se porte qu'aux actions utiles à la communauté ; si, dans l'ordre des choses à rechercher ou à éviter, elle ne s'attache qu'à ce qui dépend d'elle et qu'elle chérisse tout ce qui lui est attribué par la nature universelle. C'est qu'elle en est une partie, comme la nature de la feuille est une partie de la nature de la plante, avec cette différence que, dans ce dernier cas, la nature de la feuille est partie

d'une nature privée de sentiment et de raison et susceptible d'être entravée. Au contraire, la nature de l'homme fait partie d'une nature qui ne connaît pas d'entraves, qui est intelligente et juste aussi, car elle distribue équitablement entre les êtres, et en proportion de leur valeur, la durée, la substance, la cause, l'énergie, l'accident. Mais attention ! Cette équivalence, tu ne la trouveras pas dans tous les cas, si tu compares, <d'un lot à l'autre>, l'unité à l'unité ; il faut comparer globalement le tout donné à l'un à l'ensemble de ce que l'autre a reçu.

8   Tu ne peux pas lire ? – Mais tu peux réfréner tout dérèglement, tu peux dominer les plaisirs et les douleurs, tu peux être au-dessus de la gloriole, ne pas te fâcher contre les gens grossiers et ingrats, tu peux même leur témoigner de la sollicitude.

9   Que personne ne t'entende plus te plaindre de la vie qu'on mène à la cour ! Et que tu ne t'entendes plus toi-même t'en plaindre !

10   Le repentir, c'est une sorte de reproche qu'on s'adresse, quand on croit avoir laissé passer quelque chose d'utile. Or le bien est nécessairement utile et l'honnête homme doit le rechercher. Jamais, d'autre part, un honnête homme ne saurait se repentir d'avoir laissé passer un plaisir. Donc le plaisir n'est ni une chose utile, ni un bien.

11   Cet objet, quel est-il en soi dans sa constitution propre ? Quelle en est la substance, la matière, la cause formelle ? Que fait-il dans le monde ? Et pour combien de temps subsiste-t-il ?

12   Quand il te fâche d'avoir à te lever, rappelle-toi que ta constitution et la nature humaine te destinent à produire des actions utiles à la société. Au contraire, le sommeil t'est commun avec les êtres privés de raison. Or ce qui est pour chacun conforme à sa nature est plus proprement fait pour lui et inhérent à lui, donc doit lui être aussi plus agréable.

13 Constamment et, autant que possible, à chaque idée applique la science de la nature, celle des passions et la dialectique.

14 À tout homme que tu rencontres, aussitôt dis-toi d'abord : Cet homme, quels principes a-t-il sur les biens et sur les maux ? Car si, sur le plaisir et la douleur et sur les causes qui produisent l'un et l'autre, sur la gloire et l'obscurité, sur la mort et la vie il a tels ou tels principes, je ne m'étonnerai ni ne trouverai étrange qu'il fasse telles ou telles actions et je me souviendrai qu'il est contraint d'agir ainsi.

15 Souviens-toi que, comme on aurait honte de trouver mauvais que le figuier produise des figues, il en doit être de même pour tels et tels fruits que produit le monde et qu'il est dans sa nature de produire. De même le médecin et le pilote auraient honte de trouver mauvais que ce malade ait la fièvre ou qu'il souffle un vent contraire.

16 Souviens-toi que de changer d'avis, de suivre qui te remet dans le droit chemin, c'est faire tout aussi bien acte de liberté, car cette activité est la tienne, puisqu'elle se développe jusqu'au bout selon un premier mouvement et un jugement qui sont tiens, donc aussi selon une intelligence qui est tienne.

17 Si cela dépend de toi, pourquoi le fais-tu ? Si cela dépend d'un autre, à qui t'en prends-tu, aux atomes ou aux Dieux ? Dans les deux cas, c'est folie.
Il ne faut s'en prendre à personne. Si tu en es incapable, re-dresse du moins son action. Si tu es même incapable de cela, à quoi encore te sert-il de te plaindre ? Ne rien faire au hasard.

18 Ce qui est mort ne tombe pas hors de l'univers. S'il y reste, c'est donc qu'il s'y transforme et s'y dissout en ses éléments propres, qui sont ceux du monde et les tiens. Et ces éléments se transforment à leur tour et ils ne murmurent pas.

19 Chaque être a sa destination, comme le cheval, la vigne. Cela t'étonne ? Le soleil lui aussi, dira-t-il, est fait pour une fonction, ainsi que les autres Dieux. Et toi donc, pourquoi es-tu créé ? Pour jouir ? Vois si cette pensée est soutenable.

20 Les vues de la nature portent dans tous les cas non moins sur la fin des choses que sur leur commencement ou le cours de leur existence. De même du joueur qui lance la balle. Quel bien est-ce donc pour la balle de monter, quel mal de redescendre ou d'être retombée à terre ? Quel bien est-ce pour la bulle d'eau de s'être formée, quel mal d'avoir crevé ? Mêmes réflexions à propos d'une lampe.

21 Retourne-le et contemple quel il est et quel il devient par l'effet de la vieillesse, de la maladie, de la débauche.
Éphémère, celui qui loue et celui qui est loué, celui qui rappelle un souvenir et celui dont on rappelle ce souvenir. En outre, cela se passe dans un petit coin de cette partie du monde ! Et même là, tous ne parviennent pas à s'accorder. Et même personne ne s'accorde avec soi-même ! – Et toute la terre n'est qu'un point.

22 Fais attention à l'objet considéré ou à l'activité en cours ou au principe <à appliquer> ou au sens <des mots>.
Tu l'as mérité. Tu préfères attendre à demain pour devenir un honnête homme au lieu de l'être dès aujourd'hui.

23 Si je fais quelque chose, je le fais en le rapportant au bien des hommes ; s'il m'arrive quelque chose, je l'accepte en le rapportant aux Dieux et à la source commune, d'où dérivent en s'enchevêtrant tous les événements.

24 Tel que te paraît le bain que tu prends : de l'huile, de la sueur, de la crasse, une eau trouble, toutes sortes de saletés : telle est toute la partie de la vie, tel est tout objet donné.

25 Lucilla a enseveli Verus, puis Lucilla a eu son tour ; Secunda, Maximus ; puis au tour de Secunda ; Epitynchanus, Diotime ; puis au tour d'Antonin. Et toujours de même. Celer, Hadrien ; puis Celer[72]. Et ces génies pénétrants, soit habiles

---

72. Domitia Lucilla, mère de Marc Aurèle, et son père Verus. Cf. I, 2 et 18. Secunda était sans doute la femme de Maximus : I, 15.

à prévoir l'avenir, soit bouffis d'orgueil, où sont-ils ? [Par exemple, comme génies pénétrants, Charax, Démétrius le Platonicien, Eudémon[73] et leurs pareils.] Tout cela, éphémère, mort depuis longtemps. De plusieurs, on n'a même pas parlé pendant un peu de temps ; d'autres sont passés en légendes ou déjà même sont tombés des légendes dans l'oubli complet. Souviens-toi donc qu'il faudra ou que ton agrégat se disperse ou que ton souffle s'éteigne ou qu'il émigre pour trouver place ailleurs.

26 La joie de l'homme, c'est de faire les tâches propres de l'homme. Une tâche propre de l'homme, c'est d'être bon envers ses semblables, de n'avoir que mépris pour les mouvements que causent les sensations, de démêler les idées qui méritent créance, de contempler la nature universelle et ce qu'elle produit selon ses lois.

27 Trois rapports : l'un avec le vase qui nous enveloppe, l'autre avec la cause divine, source de tout ce qui arrive à tous les êtres, le troisième avec nos compagnons d'existence.

28 La douleur est un mal soit pour le corps, – à lui donc de se prononcer ! – soit pour l'âme. Mais celle-ci a le pouvoir de garder sa sérénité et son calme et de ne pas opiner que c'est un mal. En effet, tout jugement, tout premier mouvement, tout effort pour atteindre ou esquiver est au-dedans de nous et rien d'autre n'y pénètre.

29 Efface les idées imaginaires en te répétant constamment : Il dépend de moi en ce moment qu'il n'y ait en cette âme-ci ni la moindre méchanceté, ni désir, ni en général aucune agitation. Je vois toutes choses comme elles sont et je tire

---

Epitynchanus, inconnu. Diotime, affranchi d'Hadrien. Caninius Celer, rhéteur du temps d'Hadrien.

73. Ces trois noms sont inconnus par ailleurs. Lucien parle lui-même d'un Démétrius platonicien qui vivait au Ier siècle à la cour de Ptolémée XII Dionysos.

parti de chacune selon sa valeur. N'oublie pas ce pouvoir que tu possèdes naturellement.

30 Parle, soit devant le Sénat, soit devant qui que ce soit, avec décence et clarté. Tiens un langage sain.

31 La cour d'Auguste, sa femme, sa fille, ses descendants, ses ascendants, sa sœur, Agrippa, ses alliés, ses familiers, ses amis, Areus[74], Mécène, ses médecins, ses sacrificateurs, toute cette cour est morte. Passe ensuite aux autres..., non la mort d'un seul homme, considéré isolément, soit : les Pompées. Tiens encore compte de cette inscription gravée sur les tombeaux : « Dernier survivant de sa famille ». Que de tracas s'étaient donnés leurs ancêtres afin de laisser un héritier ! Après quoi, il a bien fallu que quelqu'un restât le dernier : cette fois encore c'est la mort de toute une lignée.

32 Il faut composer ta vie action par action et si chacune d'elles atteint sa fin propre, autant que possible, te déclarer satisfait. De faire qu'elle atteigne sa fin propre, personne ne peut t'en empêcher. – Mais un obstacle du dehors me barrera la route. – Ce ne sera rien du moins qui s'oppose à ce que tu pratiques la justice, la tempérance, la prudence. – Mais peut-être une autre forme de mon activité s'en trouvera empêchée. – <Peut-être> ; mais grâce au pouvoir de faire bon visage à l'obstacle, de se retourner sagement vers le possible, on substitue aussitôt à son premier dessein une autre action qui cadre bien cet ensemble dont je parlais plus haut.

33 Recevoir sans bouffée d'orgueil, perdre sans déchirement.

34 As-tu vu parfois une main coupée, un pied, une tête détachée et tombée à quelque distance du reste du corps ? Ainsi fait

---

74. Probablement Areus Didyme, maître de philosophie d'Auguste. Après la mort de Drusus, il écrivit une *Consolation à Livie*, dont Sénèque nous donne un long fragment dans sa *Consolation à Marcia*.

de lui-même, dans la mesure de ses moyens, l'homme qui n'accepte pas ce qui arrive, qui se détache <de l'ensemble> ou fait quelque action contraire à l'intérêt commun. Tu t'es rejeté hors de l'union naturelle, car tu en faisais partie de naissance, et maintenant tu t'en es toi-même retranché. Mais, et voici qui est admirable, il t'est possible de te réunir au tout à nouveau. L'homme est le seul être à qui Dieu ait donné ce privilège de pouvoir rentrer dans le tout, après s'en être séparé et retranché. Considère donc la bienveillance dont il a honoré l'homme : il l'a laissé maître de ne se détacher absolument pas de l'ensemble et, s'il s'en est détaché, d'y revenir, de refaire corps avec lui et d'y reprendre sa place de membre participant.

35 De même que chacun des êtres raisonnables a été doté de ses autres qualités par la nature des êtres raisonnables, de même nous tenons encore d'elle celle-ci : comme elle-même s'empare de tout obstacle qui se dresse sur sa route pour le tourner à son profit, lui trouver une place dans l'ordre du destin et s'en faire l'une de ses parties, de même l'être raisonnable peut se faire de tout obstacle une matière <à travailler> et en tirer parti, quelle qu'ait été son intention première.

36 Ne te laisse pas troubler par l'imagination de toute ta vie : n'embrasse pas en pensée les si grandes et si nombreuses épreuves qui te seront survenues probablement ; mais à chacune des épreuves présentes demande-toi : « Qu'y a-t-il là d'insupportable et d'intolérable ? » Tu rougiras d'en faire l'aveu. Ensuite, rappelle-toi que ce n'est pas l'avenir ni le passé qui t'accablent, mais toujours le présent. Et celui-ci rapetisse à l'infini, si tu le circonscris lui seul et si tu convaincs d'erreur ton intelligence, quand elle se croit incapable de l'affronter isolément.

37 Panthée ou Pergame sont-ils encore assis maintenant près du tombeau de Verus ? – Mais... ? – Chabrias et Diotime,

près du tombeau d'Hadrien[75] ? – Plaisante question ! Mais quoi ? – S'ils continuaient d'être assis près d'eux, leurs maîtres devraient-ils s'en apercevoir ? – Mais encore ? – Et s'ils s'en apercevaient, devraient-ils s'en réjouir ? – Mais enfin ? – Et à supposer qu'ils s'en réjouissent, les autres en devraient-ils être immortels ? N'était-il pas ainsi réglé par le destin qu'ils devinssent d'abord des vieilles et des vieux pour mourir ensuite ? Et que pouvaient bien faire leurs maîtres plus tard, ceux-ci une fois morts ? Puanteur que tout cela et pourriture à plein sac !

38   Si tu es capable de voir clair, vois clair dans tes jugements †
en y apportant toute la prudence possible.

39   De vertu qui s'insurge contre la justice, je n'en vois pas dans la constitution de l'être raisonnable ; mais contre le plaisir, je vois la tempérance.

40   Si tu supprimes ton opinion sur ce qui semble t'affliger, tu demeures en toi-même en toute sécurité. – Qui, toi-même ?
– La raison. – Mais je ne suis pas la raison ! – Soit ! Que la raison, de son côté, ne s'afflige pas elle-même ! Et si quelque autre chose, en ce qui te concerne, est mal en point, qu'elle se fasse, quant à elle, une opinion là-dessus.

41   Un obstacle à la sensation est un mal pour une nature animale. Il y a encore autre chose qui peut être de même un obstacle et un mal pour la constitution végétale. Ainsi donc un obstacle à l'intelligence serait un mal pour une nature intelligente. Applique tout cela à ton propre cas. Es-tu touché par une douleur, un plaisir ? Ce sera l'affaire de la sensibilité. Ton mouvement instinctif s'est heurté à un obstacle ? Si tu te laisses aller à ce mouvement sans faire de réserve, c'est là un

75. Pergame, affranchi de l'empereur Verus ; Panthée de Smyrne, son affranchie, Chabrias et Diotime, probablement des affranchis d'Hadrien.

mal pour toi en tant qu'être raisonnable ; mais si tu retiens ton intelligence, tu n'es jusque-là ni lésé ni entravé. Pour ce qui est le propre de l'intelligence, rien d'autre qu'elle n'a coutume d'y faire obstacle. Elle est inattaquable au feu, au fer, au tyran, à la calomnie, à tout. Quand elle est devenue une sphère parfaite[76], elle le demeure.

42 Je ne mérite pas que je me fasse de la peine à moi-même, n'en ayant jamais fait à autrui volontairement.

43 Chacun prend son plaisir à sa façon. Le mien, c'est de conserver mon guide intérieur en saines dispositions, sans qu'il éprouve jamais d'aversion pour un seul homme, ni pour un seul des événements qui arrivent aux hommes ; c'est qu'il regarde au contraire toutes choses avec des yeux bienveillants, qu'il les accepte et tire parti de chacune selon sa valeur.

44 Ce moment-ci enfin, fais-toi la grâce de te l'accorder. Ceux qui préfèrent courir après la gloire dans les âges futurs ne calculent pas que les hommes d'alors seront certainement les mêmes que ceux d'à présent, dont ils sont excédés. Et ces gens-là aussi seront mortels. Qu'est-ce, en somme, que cela te fait que ces gens répètent plus tard tel écho sur ton compte ou qu'ils aient de toi telle opinion ?

45 Prends-moi, jette-moi où tu voudras. Là encore je conserverai mon Génie en bonne humeur, je veux dire qu'il se tiendra pour satisfait, s'il est disposé et s'il agit comme le comporte sa propre constitution. Serait-ce là un motif suffisant pour que mon âme souffre et s'avilisse, qu'elle soit humiliée, tendue par l'appétit, submergée, épouvantée ? Et que trouveras-tu qui vaille ce prix ?

---

76. L'expression est d'Empédocle d'Agrigente, philosophe du Ve siècle av. J.-C. (*fr* 27, 28), et désigne l'univers à son stade de parfaite cohésion. Pour Marc Aurèle, notre intelligence doit tendre à cette cohésion intérieure qui la rend invulnérable à toute menace de trouble venant de l'extérieur.

46 À aucun homme il ne peut rien arriver qui ne soit un accident humain. De même, au bœuf, rien qui ne soit naturel
au bœuf ; à la vigne, rien qui ne soit naturel à la vigne ; à la
pierre, rien qui ne soit propre à la pierre. Si donc il arrive
à chaque être ce qui est conforme à ses habitudes et à sa
nature, pourquoi te fâcherais-tu ? La nature universelle n'a
pu rien t'apporter qui te soit insupportable.

47 Si un fait extérieur te cause de l'affliction, ce n'est pas lui qui
produit ce trouble en toi, c'est le jugement que tu portes à
son endroit. Mais ce jugement, il dépend de toi de l'effacer
incontinent. Si ce qui t'afflige est quelque chose qui a trait à
ta disposition d'esprit, qui t'empêche de redresser ta manière
de voir ? De même, si tu t'affliges de n'exécuter point ce
dessein qui te semble raisonnable, pourquoi ne pas redoubler
d'efforts pour l'exécuter, plutôt que de t'affliger ? – Mais
quelque chose de plus fort que moi me fait obstacle. – Ne
t'afflige donc pas, car ce n'est pas ta faute, si tu n'exécutes pas
ce dessein. – Mais ce n'est pas la peine de vivre, s'il n'est pas
exécuté. – Sors donc de la vie, l'âme bienveillante, comme
celui qui, exécutant son dessein, vient à mourir, mais sans
en vouloir aux obstacles.

48 Souviens-toi que ton guide intérieur devient inexpugnable,
quand, replié sur lui-même, il se contente de ne pas faire ce
qu'il ne veut pas, sa mise en défense fût-elle irraisonnée. Que
sera-ce quand, s'aidant de la raison et de circonspection,
il prononce un jugement ? Aussi est-ce une citadelle que
l'intelligence libre de passions. L'homme n'a pas de plus
forte position où se retirer, pour être imprenable désormais.
S'il ne l'a pas vue, c'est un ignorant ; s'il l'a vue et qu'il ne
s'y retire pas, c'est un malheureux.

49 Ne te dis rien de plus que ce que t'annoncent les idées, telles
qu'elles se présentent à première vue. On t'annonce qu'un
tel te calomnie ? Cela, je le vois ; mais je ne vois pas qu'il soit
en danger. Ainsi, tiens-t'en toujours aux idées premières, n'y

ajoute rien de ton fonds et il ne t'arrive rien. Bien plutôt, ajoute alors que tu reconnais chacune des conjonctures qui se produisent dans le monde.

50 Un concombre amer ? Jette-le. Des ronces sur le chemin ? Évite-les. Cela suffit. N'ajoute pas : Pourquoi donc ces choses-là existent-elles dans le monde ? Tu prêterais à rire à l'homme qui fait son étude de la nature, comme tu prêterais à rire au menuisier et au cordonnier, si tu leur faisais reproche de ce que tu vois dans leurs ateliers des copeaux ou des rognures, déchets des matières qu'ils travaillent. Encore ces artisans ont-ils où jeter ces déchets. Au contraire, la nature universelle ne dispose d'aucun réduit en dehors d'elle. Mais la merveille de son industrie, c'est que, s'étant tracé elle-même ses limites, tout ce qui en elle semble se gâter, vieillir, devenir inutile, elle le fait rentrer en elle-même en le transformant et elle crée, de ces résidus mêmes, d'autres êtres tout neufs. Elle n'a pas besoin de matériaux étrangers et elle se passe d'un coin où jeter ces pourritures. Elle se contente donc de la place qui est la sienne, des matériaux qui sont les siens et de l'industrie qui lui est propre.

51 Ne traîne pas dans tes actions, ne brouille pas <tous les sujets> dans tes entretiens, ne t'égare pas dans tes imaginations ; que ton âme, en un mot, ne se replie pas sur elle-même, ni ne se disperse au-dehors ; et que les tracas n'absorbent pas ta vie !

On t'assassine, on te dépèce, on te poursuit sous les malédictions ? En quoi ton intelligence en est-elle gênée pour demeurer pure, sage, tempérante, juste ? C'est comme si un passant, arrêté auprès d'une source limpide et savoureuse, l'injuriait. Elle n'en cesserait pas de couler, toujours bonne à boire. Qu'on y jette de la boue, du fumier ; elle les aura vite dilués, entraînés et n'en restera pas souillée. Comment donc posséder <en toi> une source intarissable ? Fais-toi croître à toute heure en indépendance, mais accompagnée de bienveillance, de sincérité, de modestie.

52   Qui ne sait ce qu'est le monde ne sait où il se trouve lui-même. Qui ne sait pourquoi il est fait ne sait pas non plus qui il est, ni ce qu'est le monde. L'homme qui a négligé une seule de ces questions ne saurait même dire quelle est sa fonction naturelle. Sous quel aspect t'apparaît donc l'homme qui fait cas du bruit que mènent, pour l'applaudir ou le huer, des gens qui ne savent ni où ils sont, ni ce qu'ils sont ?

53   Tu veux être loué d'un homme qui trois fois par heure se maudit lui-même ? Tu veux plaire à un homme qui ne se plaît pas à lui-même ? Peut-il se plaire à lui-même, celui qui se repent, peu s'en faut, de tout ce qu'il fait ?

54   Ne plus se borner à respirer ta part de l'air environnant ; mais participer désormais à la sagesse de l'intelligence qui embrasse toutes choses, car la faculté intelligente n'est pas moins répandue partout, ne s'insinue pas moins en tout être capable de s'en pénétrer, que l'air en l'être capable de le respirer.

55   D'une manière générale, le vice ne nuit en rien à l'univers. Dans les cas particuliers, il ne nuit à personne autre qu'à celui-là seul dont c'est le privilège de pouvoir s'en débarrasser à volonté.

56   À mon libre arbitre, le libre arbitre du voisin est aussi indifférent que me sont indifférents son souffle et sa chair. En effet, si nous avons été faits aussi pleinement que possible les uns pour les autres, le guide intérieur de chacun de nous possède toutefois en propre son indépendance ; autrement, la méchanceté du prochain eût dû être un mal pour moi. Mais Dieu n'en a pas décidé ainsi, ne voulant pas qu'un autre fût maître de causer mon malheur.

57   La lumière du soleil semble s'écouler et assurément elle coule en tous sens, mais sans s'épuiser, car cet écoulement est

extension. C'est pourquoi ces flots de lumière s'appellent des rayons, parce qu'ils s'étendent[77]. Qu'est-ce qu'un rayon ? Tu peux le voir, si tu observes la lumière émise par le soleil, quand elle pénètre par une étroite ouverture dans une chambre où l'on a fait l'obscurité. Elle darde en ligne droite et s'appuie, pour ainsi dire, sur le premier solide rencontré, qui l'empêche de pousser dans l'air d'au-delà. Là, elle s'arrête, sans glisser ni tomber. C'est ainsi que l'intelligence doit couler et se répandre, pas du tout par épuisement, mais par extension. Il faut qu'elle ne vienne pas heurter violemment et avec fracas les obstacles qu'elle rencontre, encore moins qu'elle rebondisse au loin, mais qu'elle s'y pose et qu'elle éclaire l'objet qui la reçoit. Celui qui ne la recueillerait point se priverait lui-même de la lumière.

58 L'homme qui craint la mort craint ou de ne plus rien sentir ou de sentir autrement. Si donc la sensibilité est abolie, tu ne sentiras pas non plus le moindre mal ; et si tu acquiers une sensibilité quelque peu différente, tu seras un être différent ; et tu n'auras pas cessé de vivre !

59 Les hommes étant faits les uns pour les autres, instruis-les ou supporte-les.

60 Autre est le vol de la flèche, autre le vol de l'intelligence. L'intelligence toutefois, quand elle se surveille et qu'elle concentre son attention sur l'objet considéré, vole en droite ligne, non moins que la flèche, et au but proposé.

61 Pénètre dans l'âme de chacun et laisse chacun pénétrer ton âme.

---

77. L'étymologie à laquelle Marc Aurèle fait allusion est fausse. On ne peut la rendre en français.

LIVRE IX

1 L'injustice est une impiété. La nature universelle, ayant constitué les êtres raisonnables les uns pour les autres, a voulu qu'ils s'entraidassent selon leur valeur respective, sans se nuire d'aucune manière. L'homme qui transgresse ce dessein de la nature commet évidemment une impiété envers la plus vénérable des divinités.

Le mensonge aussi est une impiété à l'égard de la même divinité. La nature universelle est la nature des choses en soi et les choses en soi sont intimement apparentées à toutes les choses existantes. En outre on appelle encore cette déesse la Vérité et elle est la cause première de toutes les vérités. Donc l'homme qui ment volontairement attente à la piété, puisque, en trompant, il commet une injustice ; et, de même, celui qui ment involontairement, en tant qu'il détonne de la nature universelle et qu'il la dépare en combattant la nature du monde. Il la combat, l'homme qui se porte à l'encontre de la vérité en dépit de lui-même : il avait reçu de la nature des dispositions qu'il a négligées et maintenant il n'est plus capable de distinguer le vrai du faux.

En outre, l'homme qui recherche les plaisirs comme des biens et qui fuit les douleurs comme des maux est aussi coupable d'impiété. Il est inévitable, en effet, qu'un tel homme accuse fréquemment la nature universelle de faire une répartition inique entre les méchants et les gens de bien ; car il arrive fréquemment que les méchants vivent dans les plaisirs et amassent tout ce qui peut procurer du plaisir, tandis que les gens de bien tombent dans la douleur et les accidents qui la causent. En outre, celui qui craint la douleur craindra un jour ou l'autre quelque événement, de ceux qui doivent arriver dans le monde : c'est déjà une impiété. Et celui qui poursuit les plaisirs ne pourra s'abstenir de l'injustice ; c'est une impiété manifeste. Il faut, pour les choses à l'égard desquelles la nature universelle est indifférente, – elle n'aurait pas créé indifféremment les unes et les autres, si elle n'était indifférente à leur égard – il faut, dis-je, que ceux qui veulent prendre la nature pour guide et vivre d'accord avec elle imite ses dispositions indifférentes à leur égard. Donc quiconque ne reste pas lui-même indifférent à la douleur et au plaisir, à la mort et à la vie, à la gloire et à l'obscurité, choses dont s'accommode indifféremment la nature universelle, commet une évidente impiété.

Je dis que la nature universelle s'accommode indifféremment de tout cela. J'aurais pu dire que tout cela résulte indifféremment de tout cela. J'aurais pu dire que tout cela résulte de l'étroit enchaînement des faits et de leurs conséquences, en suite d'une initiative originelle de la providence, qui, à un certain point d'origine, aurait pris l'initiative de réaliser la présente organisation du monde en combinant certaines raisons des choses à venir et en déterminant les forces capables d'engendrer les substances, les transformations et les successions, comme celles que nous voyons.

2 On ferait preuve de plus d'esprit, si l'on prenait congé des hommes sans avoir tâté du mensonge, de toute sorte de fausseté, de la mollesse, de l'orgueil. Mais rendre l'âme, dégoûté à n'en plus vouloir, c'est la manœuvre de secours pour le navigateur[78] ! Préfères-tu rester fidèle à tes vices et

---

78. Métaphore empruntée à la navigation : à défaut de voiles, on manœuvre à la rame, comme pis-aller.

l'expérience ne te décide-t-elle pas encore à te sauver de cette peste ?

Je donne le nom de peste à la corruption de l'intelligence bien plus justement qu'à l'infection et à l'altération analogues de ce souffle vital[79] qui l'entoure. Cette peste-ci, en effet, s'attaque aux animaux en tant qu'animaux ; celle-là aux hommes, en tant qu'hommes.

3 Ne méprise pas la mort, mais fais-lui bon accueil, car elle fait aussi partie des choses voulues par la nature. Ce que sont la jeunesse, la vieillesse, la croissance, la pleine maturité, l'apparition des dents, de la barbe, des cheveux blancs, la fécondation, la grossesse, l'enfantement et les autres actions naturelles qu'amènent les saisons de ta vie, telle est aussi la désagrégation de ton être. C'est donc agir en homme habitué à raisonner que de ne pas se fâcher contre la mort, ni la repousser rudement, ni la traiter avec hauteur, mais de s'y attendre comme à l'une des actions naturelles. Et de même que tu t'attends au jour où l'enfant qu'elle porte sortira du ventre de ta femme, de même il faut bien accueillir l'heure où ton âme doit s'échapper de son enveloppe. Et si tu veux un précepte tout simple, qui aille droit au cœur, voici qui te disposera le plus favorablement possible envers la mort : c'est de considérer les objets dont tu vas te séparer et à quelles mœurs <ton âme> ne sera plus mêlée. Cependant, il ne faut pas du tout se buter contre les hommes, mais les traiter avec bonté, les supporter avec douceur ; se souvenir toutefois que ceux que tu vas quitter ne partagent pas tes principes. Cette seule considération pourrait, et encore ! te retenir et te rattacher à la vie, c'est qu'il te fût permis de vivre dans une société où les mêmes principes que tu suis seraient en honneur. Mais tu vois bien, en réalité, quelle lassitude

---

79. Ce souffle est le principe vital, la seconde des trois parties constitutives de l'homme. Voir II, 2.

produit le désaccord dans la vie menée en commun, au point de te faire dire : Hâte-toi, ô mort, de peur que, moi aussi, à la fin, je ne m'oublie moi-même !

4 Celui qui pèche, pèche contre lui-même ; celui qui fait une injustice, se la fait à lui-même en se rendant lui-même méchant.

5 On est souvent injuste par omission et non seulement par action.

6 Il suffit de se faire pour le moment une opinion exacte, d'accomplir pour le moment une action utile à la société, d'être disposé pour le moment à bien accueillir tout événement que produit la cause extérieure.

7 Effacer ce qui est de l'imagination, réprimer le premier mouvement, étouffer les appétits, rester le maître de ta faculté directrice.

8 Une est l'âme animale que se partagent tous les êtres vivants privés de raison, une est l'âme intelligente dont participent les êtres raisonnables, comme une est la terre chez tous les êtres formés de terre, une la lumière en laquelle nous voyons, un l'air que nous respirons avec tous ceux qui sont faits pour voir et respirer.

9 Tous les êtres qui ont quelque chose de commun recherchent leurs semblables. Tout ce qui est formé de terre penche vers la terre, tout liquide cherche à confluer avec le liquide, les souffles de même, en sorte qu'il faut, pour les en empêcher, user de barrages et leur faire violence. Le feu, qui s'élève naturellement vers le feu élémentaire[80], est si empressé à flamber avec tout feu d'ici-bas que tout combustible, pour

---

80. Quatre éléments entrent dans la formation de tous les êtres : le feu, l'air, l'eau, la terre. La diversité des êtres résulte du dosage de ces quatre éléments, et chacun de ceux-ci tend à retourner vers son lieu d'origine.

peu qu'il ait atteint un certain degré de siccité, est facilement inflammable, étant moins mêlé d'éléments qui pourraient l'empêcher de s'enflammer. De même donc tout être qui participe de la commune nature intelligente s'efforce de rejoindre son parent, et davantage encore. En effet, plus un être est supérieur aux autres, plus il est prêt à se mêler et à se confondre avec son semblable. C'est pourquoi on découvre à première vue, dans la série des êtres privés de raison, des essaims, des troupeaux, des nichées et comme des amours. C'est qu'il y a déjà en eux des âmes, et l'attraction mutuelle se révèle plus intense en ces êtres supérieurs qu'entre les végétaux ou encore entre des pierres ou des pièces de bois. Chez les êtres raisonnables, on observe des républiques, des amitiés, des familles, des réunions et, en cas de guerre, des traités et des trêves. Entre les êtres encore supérieurs, même s'ils sont distants, il se forme une sorte d'union, par exemple entre les astres. De même, l'effort pour s'élever à un niveau supérieur est capable de produire de la sympathie entre les êtres, malgré la distance.

Vois maintenant ce qui se passe sous tes yeux : seuls en réalité les êtres raisonnables oublient l'empressement à se rejoindre qui les pousse les uns vers les autres et c'est le seul cas où l'on n'observe plus cette affinité. Mais ils ont beau se fuir, ils sont maintenus ensemble, car la nature est la plus forte. Tu le verras bien, si tu prêtes attention à ce que je dis. Un objet fait de terre, n'ayant aucun point de contact avec tout objet fait de terre, serait bien malaisé à découvrir ; il le serait certes moins qu'un homme ayant rompu tout lien avec l'homme.

10 L'homme, Dieu, le monde portent un fruit ; tout être porte son fruit en la saison qui lui est propre. L'usage a beau appliquer ce mot, dans son sens propre, au fruit de la vigne et aux autres analogues ; peu importe. Quant à la raison, elle porte un fruit, à la fois universel et individuel, et il donne naissance à d'autres produits de même nature que la raison.

11 Si tu en es capable, instruis-les de leur méprise ; sinon, souviens-toi que c'est pour cela que la bienveillance t'a été donnée. Les Dieux eux-mêmes veulent du bien à ces gens-là ; maintes fois même ils les aident à obtenir ce qu'ils souhaitent : la santé, la richesse, la gloire, tant ils sont bons ! Tu le peux, toi aussi. Sinon, dis-moi qui t'en empêche.

12 Travaille, non comme un misérable, ni comme un homme qui veut se faire plaindre ou admirer, mais borne ta volonté à te mettre en mouvement et à t'arrêter selon ce qu'en décide la raison de la cité.

13 Aujourd'hui, je suis sorti de tout embarras, ou plutôt j'ai expulsé tout embarras, car ce ne m'était pas extérieur, mais intérieur ; et c'étaient mes opinions.

14 Tout cela est banal d'expérience, éphémère de durée, vil de matière. Tout se passe aujourd'hui comme du temps de ceux que nous avons mis au tombeau.

15 Les choses restent hors des portes, cantonnées en elles-mêmes, sans rien savoir ni rien déclarer d'elles-mêmes. Qui donc se déclare sur elles ? Le guide intérieur.

16 Ce n'est pas dans la passion, mais dans l'action, que consistent, pour l'être raisonnable et sociable, le bien et le mal, comme la vertu et le vice, pour lui, ne sont pas dans la passion, mais dans l'action.

17 Pour la pierre lancée en l'air, ce n'est pas un mal de retomber, comme ce n'était pas un bien de s'élever.

18 Pénètre à l'intérieur de leurs âmes, tu verras quels juges tu redoutes et quels juges ils sont à l'égard d'eux-mêmes.

19 Tout est en cours de transformation. Toi-même, tu ne cesses de changer et, en un sens, de périr. De même tout l'univers.

20 La faute d'un autre, il faut la laisser où elle est.

21 La cessation d'une activité, le repos et, pour ainsi dire, la mort d'une impulsion, d'une opinion, ne sont pas un mal. Passe maintenant à la vie que tu menais auprès de ton grand-père,

puis de ta mère, puis de ton père \<adoptif>. En présence de ces destructions, transformations et cessations, demande-toi : Qu'y a-t-il là de redoutable ? Ainsi donc en ira-t-il de la cessation, du repos et de la transformation de ta vie entière.

22 Va au fond de ton principe directeur, de celui du tout, de celui de cet homme ; du tien, afin d'en faire un esprit de justice ; de celui du tout, afin de te remettre en mémoire de quel ensemble tu fais partie ; de celui de cet homme, pour examiner s'il est ignorance ou jugement réfléchi – et tenir compte en même temps qu'il t'est apparenté.

23 Comme tu es l'un des membres dont se parachève le corps social, que chacune de tes actions parachève de même la vie sociale. Toute action de toi qui ne rapporterait pas, de près ou de loin, au bien social, désorganise la vie du tout, elle l'empêche d'être un, c'est une séditieuse, comme si, dans une république, quelqu'un prétendait, quant à lui, se tenir à l'écart de cette même sorte de concert.

24 Colères et jeux d'enfants, âmes chargées d'un cadavre, de manière à suggérer, mais avec plus de relief, l'Évocation des morts[81].

25 Tourne-toi \<pour chaque objet> vers la nature de sa cause et considère celle-ci, abstraction faite de la matière. Puis délimite aussi le temps que doit durer au plus l'individualité de cette sorte.

26 Tu as supporté mille misères, parce que tu ne t'es pas borné à ce que ton guide intérieur remplît le rôle pour lequel il a été constitué. En voilà assez !

27 Quand un autre te blâme ou te hait ou manifeste contre toi de tels sentiments, tourne-toi vers leurs âmes, pénètre-les à fond et regarde quels ils sont. Tu verras qu'il ne faut pas te mettre à

---

81. Par Ulysse, dans l'*Odyssée*, au début du chant XI.

la torture pour qu'ils conçoivent de toi telle ou telle opinion. Il faut néanmoins leur être bienveillant, car ce sont, par nature, des amis. Les Dieux eux-mêmes leur viennent en aide de mille manières, par des songes, des oracles, et justement pour leur faire obtenir les objets en vue desquels ils se tourmentent.

28 Tels sont les cycles que traverse le monde, du haut en bas, de siècle en siècle. Ou bien l'intelligence universelle fait à chaque instant acte d'initiative et, dans ce cas, accepte le résultat de son initiative ; ou bien elle n'a pris qu'une seule initiative et tout le reste † en découle par voie de conséquence et il en est ici, en un sens, comme des atomes ou [indivisibles]. Bref, s'il y a un Dieu, tout est pour le mieux ; si tout marche au hasard, ne marche pas toi-même au hasard.

Tout à l'heure la terre nous recouvrira tous. Puis elle se transformera à l'infini et ses nouveaux aspects se transformeront à l'infini, puis encore ces autres aspects à l'infini. À considérer les vagues successives de ces changements et de ces métaphores et leur rapidité, on n'éprouvera que mépris pour tout ce qui est mortel.

29 La cause universelle est un torrent, qui entraîne tout. Qu'ils sont mesquins, ces pygmées qui jouent les politiques et s'imaginent agir en philosophes ! Petits morveux !

Pauvre homme, eh quoi donc ? Fais ce que réclame ta nature. Essaie, si cela t'est donné, et ne regarde pas à la ronde qui le saura. N'espère pas réaliser la république de Platon, mais tiens-toi pour satisfait, si tu progresses un tant soit peu ; et ce petit résultat, considère que ce n'est pas peu de choses. Quant à changer un de leurs principes, qui le pourrait ? Et si on ne les leur change, qu'est-ce que leur état, sinon l'esclavage des gens qui gémissent tout en se donnant l'air d'obéir ? Va maintenant et cite-moi Alexandre, Philippe, Démétrius de Phalère[82]. Je les suivrai, s'ils

---

82. Orateur et gouverneur d'Athènes pour le roi de Macédoine.

ont bien vu ce que réclamait la nature universelle et s'ils se sont instruits eux-mêmes. Mais s'ils ont pris des poses théâtrales, personne ne m'a condamné à les imiter. Simple et modeste est l'œuvre de la philosophie. Ne m'induis pas à prendre des airs solennels !

30 Contempler d'en haut : innombrables troupeaux, innombrables cérémonies, navigation entrecoupée de tempêtes et de beau temps, variétés d'êtres qui naissent, vivent ensemble, disparaissent. Imagine encore la vie que d'autres vivaient au temps jadis et celle qu'on vivra après toi et celle qu'on vit aujourd'hui chez les peuples étrangers. Et combien d'hommes ignorent jusqu'à ton nom, combien l'oublieront bientôt, combien qui, peut-être, te louent maintenant, bientôt te vilipenderont ; et comme le souvenir qu'on laisse, la gloire, toute autre chose enfin ne valent pas la peine d'en parler.

31 Impassibilité à l'égard des événements qui résultent de la cause extérieure ; justice dans les œuvres dont la cause provient de toi, c'est-à-dire impulsions et actions qui se bornent exactement à se régler sur le bien social, parce que cela est pour toi conforme à la nature.

32 Tu peux retrancher comme superflues bien des choses qui te troublent et qui n'existent absolument que dans ton opinion. Par là, tu t'ouvriras aussitôt un vaste champ, en embrassant par la pensée l'univers tout entier, en passant en revue le temps infini, en considérant la prompte transformation de chaque chose prise isolément, quelle brève durée s'écoule de la naissance à la dissolution, l'infini qui précéda la naissance comme la durée également infinie qui suivra la dissolution.

33 Tous ces objets que tu vois périront en un rien de temps et ceux qui les auront vus périr périront eux-mêmes en un rien de temps, et l'homme qui mourra parvenu à l'extrême vieillesse sera réduit au même point que celui dont la mort aura été prématurée.

34 En quelles dispositions se trouve leur guide intérieur ? Quel est le but de leurs efforts, quelles raisons décident de leur amour ou de leur estime ? Pense que tu vois leurs âmes à nu. Quand ils s'imaginent te nuire par leurs critiques ou te servir en te portant aux nues, quelle prétention !

35 Perdre, ce n'est pas autre chose que changer. Changer, voilà ce qu'aime faire la nature universelle et c'est selon ses plans que tout se produit [heureusement], tout s'est produit sous le même aspect depuis l'éternité et se reproduira sous d'autres formes analogues à l'infini. Pourquoi donc dis-tu que tout a toujours marché <de travers>, que tout marchera toujours de travers et qu'il ne s'est donc jamais trouvé, parmi tant de Dieux, une puissance capable d'y porter remède et que le monde est condamné à être accablé de maux perpétuels ?

36 La pourriture de la matière qui fait le fond de chaque être : de l'eau, de la poussière, des os, une infection ; ou encore : callosités de la terre que le marbre ; sédiments que l'or, l'argent ; poils que les vêtements ; sang que la pourpre et ainsi de tout le reste. Ton souffle aussi, c'est quelque chose d'analogue et qui passerait de l'une à l'autre de ces catégories.

37 Assez de cette pitoyable existence, de grognerie, de singerie ! Pourquoi es-tu troublé ? Qu'y a-t-il là d'étrange ? Qu'est-ce qui te fait sortir de tes gonds ? La cause ? Examine-la. La matière ? Examine-la. En dehors de là, plus rien. Mais, tourné vers les Dieux, deviens donc une bonne fois plus droit et meilleur.

Cela revient au même d'être témoin de ce spectacle cent ans ou trois ans.

38 S'il a commis une faute, c'est là qu'est le mal. Mais peut-être n'a-t-il pas commis de faute ?

39 Ou bien tout provient dans le monde, puisqu'il forme un seul corps, d'une seule et même source intelligente et il ne faut pas que la partie se plaigne de ce qui se fait dans l'intérêt du tout ; ou bien il n'y a que des atomes, c'est-à-dire rien

autre chose que désordre et dispersion. En ce cas, pourquoi
te troubler ? Tu dis à ton guide intérieur : « Tu es mort,
tu es anéanti, tu n'es plus qu'une brute, un comédien, tu es
mêlé au troupeau et tu broutes. »

40 Ou bien les Dieux ne peuvent rien ou ils peuvent quelque
chose. Si donc ils ne peuvent rien, pourquoi pries-tu ? Mais
s'ils peuvent quelque chose, pourquoi ne pas les prier plutôt
qu'ils t'accordent de ne rien craindre de tout cela, ou de ne
rien convoiter de tout cela, ou de ne t'affliger de rien de tout
cela, au lieu de les prier que telle de ces choses-là ne t'arrive
pas, ou bien qu'elle t'arrive ? En effet, sans aucun doute, s'ils
peuvent prêter assistance aux hommes, ils peuvent aussi bien
nous la prêter pour les fins que j'ai dites.

Mais peut-être diras-tu : Les Dieux ont mis cela en mon
pouvoir. – Alors, ne vaut-il pas mieux user de ton pouvoir en
conservant ton indépendance que de t'évertuer à atteindre,
dans l'esclavage et l'avilissement, ce qui excède ton pouvoir ?
Et qui t'a dit que les Dieux ne nous aident pas aussi pour
ce qui dépend de nous ? Commence donc par les en prier
et tu verras.

Cet homme les prie en ces termes : « Que j'obtienne les
faveurs de cette femme ! » – Dis plutôt : « Que je puisse
m'abstenir de convoiter ses faveurs ! » – Un autre : « Que
je sois délivré de cette importunité ! » Toi : « Que je n'aie
même pas besoin d'en être délivré ! » – Un autre : « Que je
ne perde pas mon enfant ! » Toi : « Que je ne tremble pas
à l'idée de le perdre ! » En somme, tourne ainsi tes prières
et observe le résultat.

41 Épicure dit : « Pendant ma maladie, mes entretiens ne
portaient jamais sur mes souffrances physiques et, avec mes
visiteurs, je n'abordais point ces sortes de sujets, mais je
poursuivais l'étude des questions naturelles qui m'occupaient
précédemment et je m'appliquais à ce point particulier :
comment l'intelligence, tout en subissant le contrecoup
de ces mouvements qui agitent le corps, se maintient-elle

exempte de trouble, tout en veillant à son bien propre ? Je ne me prêtais donc pas, dit-il, à ce que les médecins pussent se rengorger en raison de leur prétendu pouvoir et ma vie s'écoulait heureuse et digne. » Que ces mêmes pensées soient les tiennes dans la maladie, si tu tombes malade, ou en toute autre conjoncture. En effet, ne pas se départir de la philosophie, quelque accident qui survienne, et ne pas se mêler aux bavardages du profane, quand on s'adonne à la science de la nature, c'est là un précepte commun à toutes les sectes <et de même celui-ci> : être tout entier à ce qu'on fait et à l'instrument employé pour le faire.

42 Quand tu te heurtes à l'impudence de quelqu'un, demande-toi aussitôt : « Se peut-il qu'il n'y ait pas d'impudents en ce monde ? » Cela ne se peut. Ne réclame donc pas l'impossible. Tu as là devant toi l'un de ces impudents dont l'existence est nécessaire dans le monde. Recours au même raisonnement, si tu tombes sur un scélérat ou un homme déloyal ou atteint de quelque autre vice. Non seulement tu te souviendras qu'il est impossible que cette espèce n'existe pas dans le monde, mais tu en deviendras encore plus indulgent envers chacun des pécheurs pris à part. Il est utile encore de te faire aussitôt cette réflexion : De quelle vertu la nature a-t-elle pourvu l'homme, pour qu'il l'oppose à ce genre de vice ? Elle nous a donné en effet, en guise d'antidote, pour parer à l'ingratitude, la bonté, et à tout autre cas une autre faculté est applicable. Et puis, en somme, il t'est toujours possible d'instruire de son erreur celui qui s'égare. Tout pécheur est un homme qui manque son but et qui s'égare. Et d'ailleurs quel tort t'a-t-il fait ? Tu ne trouveras pas un seul de ces hommes, contre qui tu t'excites, qui t'ait causé un dommage tel que ton intelligence ait dû en pâtir. Or le mal, pour toi, le dommage n'existe absolument que là. Est-ce donc un malheur et une si grande nouveauté qu'un rustre agisse en rustre ? Examine si tu ne dois pas plutôt t'accuser toi-même pour n'avoir pas, de cet homme, prévu

cette faute. Grâce aux lumières fournies par ta raison, tu pouvais te mettre dans l'esprit qu'il faut s'attendre, de cet homme, à cette faute. Mais tu as perdu de vue cette vérité et tu t'étonnes qu'il commette la faute. Et surtout, quand tu reproches à un homme sa déloyauté ou son ingratitude, fais un retour sur toi-même. C'est évidemment ta faute si tu as cru que cet homme, ayant ces dispositions, tiendrait sa parole, ou encore si, en lui rendant service, tu n'entendais pas le lui rendre et en rester là, si tu n'as pas fait en sorte de retirer aussitôt de ton action même tout son fruit. Que veux-tu de plus, quand tu as fait du bien à quelqu'un ? Ne te suffit-il pas d'avoir agi selon ta nature et en réclames-tu en outre le salaire ? C'est comme si l'œil exigeait en retour quelque rémunération, parce qu'il voit, et les pieds, parce qu'ils marchent. Comme ces membres sont faits pour tel ou tel service et qu'en travaillant selon leur constitution propre ils atteignent leur fin propre, de même l'homme, né bienfaisant, s'il fait quelque bien, ou simplement s'il aide <autrui> à se procurer les choses indifférentes[83], il a rempli le rôle en vue duquel il a été constitué et il atteint sa fin propre.

---

83. Voir III, 11.

LIVRE X

1   Seras-tu donc jamais, ô mon âme, bonne, droite, une, nue,
plus manifeste que le corps qui t'enveloppe ? Goûteras-tu
donc jamais la disposition à trouver tout bon et à tout aimer ?
Seras-tu donc jamais comblée, sans besoin, sans regret, sans
désir de quoi que ce soit d'animé ou d'inanimé pour jouir
des plaisirs, ni d'un délai pour jouir plus longtemps, ni d'un
autre lieu, d'une autre contrée, d'un plus heureux climat,
d'une société mieux accordée ? Seras-tu jamais satisfaite de ta
condition présente, heureuse de ce qui t'arrive présentement ?
Te persuaderas-tu que tout va bien pour toi et t'est envoyé
de la part des Dieux et encore que tout ira bien, quoi qu'il
leur plaise de décider et quoi qu'ils doivent envoyer dans
l'avenir pour le salut de l'être parfait, bon, juste et beau, qui
engendre tout, qui maintient ensemble, entoure et embrasse
tous les corps dans le même temps qu'ils se dissolvent pour
en reproduire d'autres semblables ? Seras-tu donc enfin
telle que tu puisses vivre dans la cité commune des Dieux
et des hommes sans élever la moindre plainte contre eux,
ni encourir leur blâme ?

2   Observe ce qu'exige ta nature, en tant que tu es simplement
gouverné par une nature ; puis fais-le et soumets-t'y de
bon gré, à condition que ta nature, en tant qu'être vivant,
n'en doive pas être moins bien disposée. Ensuite, observe
ce qu'exige ta nature, en tant qu'être vivant, et accepte-le

intégralement, à condition que ta nature, en tant qu'être raisonnable, n'en doive pas être moins bien disposée. Mais le raisonnable, c'est immédiatement le sociable. Suis donc ces règles, sans te livrer à aucune recherche superflue.

3 Tout ce qui arrive, arrive de telle sorte que tu es naturellement capable de le supporter ou que tu es naturellement incapable de le supporter. Si donc il t'arrive quelque chose que tu sois naturellement capable de supporter, ne proteste pas, car il aura plus tôt fait de t'épuiser. Souviens-toi toutefois que tu es naturellement capable de supporter tout ce qu'il dépend de ton opinion de rendre supportable et tolérable : tu n'as qu'à te représenter que ton intérêt ou ton devoir te le commande.

4 S'il se trompe, lui faire la leçon avec bienveillance et lui montrer sa méprise. Si tu en es incapable, n'en accuse que toi, ou ne t'en accuse même pas.

5 Quoi qu'il t'arrive, cela t'était préparé de toute éternité et la trame serrée des causes liait depuis toujours ta substance à cet accident.

6 Qu'on admette les atomes ou la nature, posons d'abord pour fondement que je suis une partie du tout que gouverne la nature ; ensuite, que je suis de quelque façon en rapports intimes avec les parties qui ont même origine que moi. Si je me souviens de ces vérités, je ne bouderai, en tant que je suis une partie, à rien de ce qui m'est assigné par le tout, car la partie ne peut souffrir de ce qui contribue au bien du tout. Le tout ne contient rien qui ne contribue à son bien. Toutes les natures ont cela de commun ; mais la nature du monde possède en outre ce privilège qu'aucune cause exté-rieure ne la contraint à produire rien qui lui soit nuisible. Me souvenant donc que je suis une partie d'un ensemble ainsi fait, j'agréerai tout ce qui arrive. Mais en tant que je suis de quelque façon en rapports intimes avec les parties qui ont même origine que moi, je ne ferai rien de contraire à la communauté. Bien plutôt, je viserai l'avantage de mes

semblables, je dirigerai tous mes efforts vers ce qui contribue au bien commun et je les écarterai de ce qui lui est contraire. Ces conditions ainsi pleinement réalisées, de toute nécessité ma vie suivra un cours heureux. C'est ainsi qu'on imaginerait le cours heureux de la vie d'un citoyen qui accomplirait en avançant une suite d'actions profitables à ses concitoyens et chérirait le lot quelconque que lui attribue la cité.

7 Toutes les parties du tout qui sont contenues dans le monde périssent nécessairement. – Qu'on entende ici *périr* dans le sens de *s'altérer*[84]. – Si c'est là pour elles un mal ou une nécessité, le tout ne saurait être bien dirigé, puisque ses parties en viennent à s'altérer et se trouvent diversement constituées pour périr. Est-ce que la nature aurait entrepris de faire elle-même du mal à ses propres parties, de les créer telles qu'elles pussent tomber dans le mal ou qu'elles demeurassent plongées nécessairement dans le mal – ou bien lui a-t-il échappé qu'il en va de la sorte ? L'une et l'autre hypothèse sont invraisemblables.

Que si, renonçant à faire intervenir la nature, on expliquait cet état de choses par la raison qu'il est ainsi constitué, ce serait encore plaisant de dire que les parties du tout sont constituées pour se transformer et en même temps de s'en étonner ou de s'en fâcher comme d'un accident contre nature, surtout que cette dissolution n'aboutit qu'à libérer les mêmes éléments dont chaque être est formé. Ou bien, en effet, c'est une dispersion des atomes dont il avait été composé, ou une transformation de ce qui est solide en terre, de ce qui est volatil en l'air, de telle sorte que ces éléments, eux aussi, se résorbent dans la raison du tout, que le monde soit détruit périodiquement par le feu ou qu'il se renouvelle par des échanges à perpétuité[85].

---

84. Le même verbe en grec peut être pris dans les deux sens.
85. Pour les stoïciens, le monde est périssable, parce qu'il est formé de choses sensibles. Comme chez Héraclite, cette mort du monde n'est

Quant aux parties de l'être qui sont solides ou volatiles, ne va pas croire qu'elles datent de sa naissance, car tout cela n'a conflué en lui qu'hier ou avant-hier, provenant des aliments et de l'air respiré. C'est donc ce qu'il a gagné qui se transforme, non ce que sa mère a enfanté. Suppose d'ailleurs que la personnalité te rattache étroitement à ce que tu étais alors : il n'y a rien là, ce me semble, qui contredise ma thèse.

8 Quand tu te seras donné les noms d'*homme de bien*, *réservé*, *véridique*, *prudent*, *confiant*, *noble*, prend garde d'avoir à te nommer autrement et, si tu viens à perdre ces noms, retourne aussitôt sur tes traces pour les retrouver. Souviens-toi que *prudent* impliquait pour toi l'attention à saisir chaque chose avec précision et l'absence de négligence ; *confiant*, l'acceptation empressée des événements que répartit la nature universelle ; *noble*, la victoire de la partie raisonnable sur les agitations douces ou violentes de la chair, sur la gloriole, la mort et toutes les choses semblables. Si donc tu conserves le droit de te donner ces noms, sans vouloir à toute force que les autres te les décernent, tu seras un autre homme et tu inaugureras une autre vie. Quant à demeurer tel qu'on t'a vu jusqu'ici, à vivre parmi les tracas et les souillures d'une telle existence, c'est par trop le fait d'un être grossier, attaché à la vie et pareil à ces belluaires qui, à demi dévorés, couverts de blessures et de boue, réclament encore la faveur d'être gardés pour le lendemain, afin de s'offrir en cet état aux mêmes griffes et aux mêmes morsures. Entre donc en possession de ces quelques noms. Si tu peux te tenir ferme sur eux, tiens-t'y, comme transporté dans quelque archipel

---

pourtant pas un anéantissement, mais un retour à son état premier de feu pur. Après cette *conflagration*, la formation du monde recommence, et indéfiniment les créations succéderont aux destructions. Marc Aurèle admet toutefois une autre hypothèse : il n'y aurait pas de conflagration et le monde se renouvellerait simplement par des échanges perpétuels.

des Bienheureux[86] ; mais si tu sens que tu chancelles, que tu n'en es plus le maître, cherche avec confiance un coin où tu puisses les maîtriser – ou même sors définitivement de la vie, sans colère, mais au contraire simplement, librement, modestement. Tu auras au moins, une fois dans ta vie, mené à bien une action, c'est de partir ainsi. Toutefois, pour t'aider à te rappeler ces noms, il te sera d'un grand secours de te rappeler les Dieux : ce qu'ils veulent, ce n'est pas d'être flattés, mais que tous les êtres raisonnables s'efforcent de leur ressembler ; qu'en réalité le figuier remplisse la fonction de figuier, le chien celle du chien, l'abeille celle de l'abeille et l'homme celle de l'homme.

9 La basse comédie <de la vie>, la guerre, la crainte, la torpeur, l'esclavage effaceront en toi jour par jour tous ces principes sacrés, que tes études sur la nature te font concevoir et que tu entoures de respect.

Il faudrait en tout voir et agir de manière à mener à terme les affaires dont on est encombré et à mettre simultanément la théorie en pratique – et l'assurance que donne la science dans chaque cas, la conserver sans la montrer, ni la cacher. Quand, en effet, feras-tu tes délices de la sincérité ? Quand, de la gravité ; quand, d'acquérir la connaissance de chaque objet, de ce qu'il est dans son essence, de la place qu'il tient dans le monde, du temps que la nature le destine à durer, des éléments dont il se compose, des hommes qui peuvent le posséder, le donner ou l'enlever ?

10 Une araignée est fière d'avoir capturé une mouche ; cet homme, un levraut ; un autre, une sardine au filet ; un autre, des marcassins ; un autre, des ours ; un autre, des Sarmates[87]. Or ces gens-là ne sont-ils pas des brigands, si l'on examine leurs principes ?

---

86. Îles de légende, séjour du parfait bonheur.
87. Peuple germanique, contre lequel les légions de Marc Aurèle guerroyèrent à plusieurs reprises.

11 Comment toutes choses se transforment les unes en les autres : acquiers une méthode pour faire cet examen, applique-t'y constamment et exerce-toi bien sur ce point particulier, car rien n'est plus capable de donner à l'homme la hauteur de vue. Il s'est dépouillé de son corps et, considérant que, dans un instant, il lui faudra quitter tout cela et partir d'entre les hommes, il s'en remet absolument à la justice pour ce qu'il accomplit et pour ce qui lui arrive, à la nature universelle. Que dira-t-on, quelle opinion aura-t-on de lui, que fera-t-on contre lui, il ne s'en met pas en peine. Il se contente de ces deux choses : d'accomplir, quant à lui, l'action présente selon la justice et de chérir le lot qui lui est attribué présentement. Il laisse là toutes les affaires et les soucis ; il ne veut rien autre chose que tenir toujours une voie droite, sans dévier de la loi, et suivre Dieu, qui tient toujours une voie droite.

12 Quel besoin de conjecturer, quand on a les moyens d'examiner ce qu'il faut faire, et, si on le voit bien, de marcher dans cette direction avec bienveillance, sans regard en arrière ? Si tu ne le vois pas bien, sursois, recours aux plus sages conseillers. Si d'autres choses s'opposent à ton dessein, avance selon les ressources de l'heure en calculant tes mesures pour rester attaché à ce qui te paraît être la justice : il sera glorieux de s'y tenir, car l'échec en cette matière...
Mais qu'il est tranquille et en même temps bien ramassé sur lui-même, l'homme qui suit en tout la raison !

13 Te poser la question, sitôt réveillé : T'est-il indifférent qu'un autre accomplisse ce qui est juste et bien ? Oui, indifférent ! As-tu oublié comment ces gens, qui se rengorgent si fort en louant ou blâmant les autres, se conduisent au lit, comment ils se conduisent à table, quelles actions ils commettent, ce qu'ils évitent ou poursuivent, ce qu'ils volent par ruse ou par force, non avec les mains et les pieds, mais avec la plus noble partie d'eux-mêmes, dont les fruits sont, quand on

le veut bien : bonne foi, pudeur, sincérité, règne de la loi et du bon Génie ?

14 À la nature qui donne tout et qui le reprend, l'homme instruit et modeste dit : « Donne ce que tu veux, reprends ce que tu veux. » Et ces paroles, il ne les dit pas avec insolence, mais seulement dans un sentiment d'obéissance et de bienveillance à son égard.

15 Minime est le temps qui t'est laissé. Vis comme sur la montagne. Il n'importe en rien qu'on vive ici ou là, si partout l'on vit avec la pensée que le monde qu'on habite est une cité. Fais-leur voir, fais-leur connaître un homme qui vit en véritable conformité avec la nature. S'ils ne le supportent pas, qu'ils t'assomment ! Cela vaudra mieux que de vivre comme eux.

16 Il ne s'agit pas du tout de disputer sur ce que doit être l'homme de bien, mais de lui ressembler.

17 Représente-toi sans cesse l'ensemble de la durée et l'ensemble de la substance – et que tous les êtres particuliers sont à la substance comme un grain à la figue, à la durée comme un tour de tarière.

18 Prête attention à chacun des êtres qui sont sous tes yeux et conçois-les en train de se dissoudre, commençant à se transformer, à se corrompre, par exemple, ou à se disperser ; ou bien vois-les sous cet aspect, que chacun vient au monde, autant dire, pour mourir.

19 Vois-les faire, quand ils mangent, qu'ils dorment, qu'ils s'accouplent, qu'ils s'accroupissent à l'écart, et caetera, ensuite, quand ils se donnent de grands airs et se rengorgent, ou bien quand ils se fâchent et qu'ils vous accablent de leur supériorité. Et tout à l'heure à combien de maîtres étaient-ils asservis et pour quels motifs ! Et, dans un instant, en quel état vont-ils être réduits !

20 Est utile à chacun ce qu'à chacun apporte la nature universelle et ce lui est utile au moment où elle le lui apporte.

21 « *La terre aime la pluie, le vénérable Éther aime lui aussi*[88]... »
Le monde aussi *aime* faire ce qui doit advenir. Je dis donc au
monde : « J'épouse ton amour. » Ne dit-on pas de même
d'une chose qu'elle *aime* arriver ?

22 Ou bien tu vis en cet endroit et tu y es désormais habitué ;
ou bien tu en décampes et c'est ce que tu voulais ; ou bien
tu meurs et ta mission est achevée. En dehors de cela, plus
rien ! Aie donc bon courage.

23 Tiens toujours pour évident que la campagne est là-bas
pareille à ce lieu-ci et <vois> comment toutes choses sont
identiques ici, à la campagne, à la montagne, au bord de la
mer, où tu voudras. Tu tomberas ainsi tout droit sur ce mot
de Platon : « *s'entourant d'un enclos*, dit-il, *sur la montagne* »
et « *trayant son troupeau bêlant* ».

24 Qu'est pour moi présentement mon guide intérieur ? En quel
état le mets-je présentement ? À quelle fin le fais-je servir
présentement ? N'est-il pas vide d'intelligence, n'est-il pas
détaché et arraché de la communauté, n'est-il pas adhérent
et mêlé à la chair, de manière à en partager les agitations ?

25 Qui fuit son maître est un déserteur. Or la loi est notre maître.
Donc qui s'écarte de la loi est un déserteur. En même temps
l'homme qui s'afflige ou s'irrite ou s'effraie ne veut pas un
fait qui a été, est ou sera produit parmi ceux qu'ordonne
l'administrateur souverain, c'est-à-dire la loi, qui attribue
à chacun tout ce qui lui revient. Donc qui s'en effraie, s'en
afflige ou s'en irrite est un déserteur.

26 Ayant fait descendre un germe dans une matrice, on se retire ;
puis une autre cause intervenant se met à l'œuvre et achève
l'enfant. Quel il était, quel il est devenu ! Maintenant on
lui fait descendre de la nourriture dans le gosier ; puis une
autre cause intervenant produit la sensibilité, l'instinct, en

88. Fragment d'Euripide

un mot la vie, la force et tant d'autres merveilles ! Ces phé-
nomènes qui s'accomplissent dans un si profond mystère,
contemple-les et vois la puissance qui les produit, comme
nous voyons la pesanteur et la force ascensionnelle, non par
les yeux, mais non moins clairement.

27 Considère sans cesse comment tous les événements qui se
produisent à cette heure se sont produits identiques dans le
passé, et considère qu'ils se reproduiront. Les drames entiers
et les scènes semblables que tu connais par ton expérience
personnelle ou le témoignage des anciens, place-les devant
tes yeux, par exemple : toute la cour d'Hadrien, toute la
cour d'Auguste, toute la cour de Philippe, d'Alexandre, de
Crésus. Tous ces spectacles-là se ressemblaient ; seulement
c'étaient d'autres acteurs.

28 Représente-toi que quiconque s'afflige de quoi qu'il arrive ou
l'accueille de mauvais gré, ressemble au petit cochon qu'on
sacrifie, regimbant et criant. Même chose de l'homme qui,
couché sur son lit, dans la solitude et le silence, déplore nos
entraves. Représente-toi encore que, seul l'être raisonnable a
reçu le pouvoir de suivre les événements de bon gré. Quant
à les suivre, sans plus, c'est une nécessité pour tous.

29 À chacune de tes actions particulières, réfléchis et demande-toi si la mort paraît une chose redoutable, parce
qu'elle nous en prive.

30 Quand tu es choqué par une faute d'autrui, aussitôt quitte
la place et calcule quelle faute analogue tu commets, par
exemple quand tu juges que l'argent est un bien, <ou> le
plaisir ou la gloriole, et autres fautes de ce genre. En y réfléchissant, tu oublieras vite ta colère, car cette idée te viendra
que cet homme subit une contrainte. Qu'y peut-il faire ?
Mais toi, si tu en es capable, délivre-le de cette contrainte.

31 Quand tu aperçois Satyron, représente-toi un Socratique
ou Eutychès ou Hymen ; quand tu aperçois Euphrate, représente-toi Eutychion ou Silvanus ; quand tu aperçois

Alciphron, représente-toi Tropaeophoros et quand tu aperçois Xénophon, représente-toi Criton ou Severus[89] ; puis, détournant les yeux sur ta personne, représente-toi l'un des Césars. À propos de chaque homme aperçu, fais l'opération analogue. Ensuite que cette pensée te vienne : Où sont-ils donc, ceux-là ? Nulle part ou n'importe où. De cette façon tu verras constamment que les choses humaines, ce n'est que fumée et néant, surtout si tu te rappelles en même temps que ce qui s'est une fois transformé ne reparaîtra jamais plus dans l'infini du temps. Pourquoi donc te tracasser ? Que ne te contentes-tu d'achever décemment cette brève existence ? De quelle manière fondamentale tu te détournes ! Qu'est-ce en effet que tout cela, sinon des sujets d'exercices pour une raison qui voit d'une vue exacte, conforme à la science de la nature, ce qui se passe dans la vie ? Persiste donc, jusqu'à ce que tu te sois bien assimilé ces pensées. Tel un robuste estomac s'assimile tous les aliments, tel un feu ardent convertit en flamme et en lumière tout ce qu'on y jette.

32 Que personne ne puisse dire de toi avec vérité que tu n'es pas droit ou homme de bien ; mais fais mentir quiconque aurait de toi une telle opinion. Cela dépend de toi entièrement. Qui t'empêche d'être homme de bien et droit ? Tu n'as qu'à décider de ne plus vivre, si tu ne dois pas être un tel homme, car la raison n'exige pas que tu vives, si tu n'es pas un tel homme.

33 Qu'est-ce qui peut en cette matière être fait ou dit selon la plus saine raison ? Quoi que ce soit, il est possible de le faire ou de le dire et ne prétexte pas qu'on t'en empêche. Tu ne cesseras pas de gémir avant d'avoir éprouvé que, comme le voluptueux tient à ses aises, tu dois tenir, quelque sujet d'exercice qu'on glisse ou qui se présente sur ton chemin, à te conduire

---

89. La plupart de ces noms sont inconnus. Euphrate est un philosophe égyptien. Alciphron est un philosophe né à Magnésie. Criton et Xénophon furent les amis de Socrate.

d'une manière conforme à ta constitution d'homme. Tu dois regarder comme une jouissance toute activité qu'il t'est possible de déployer selon ta nature propre – et c'est possible partout. Il n'est pas donné au rouleau de suivre partout ton impulsion propre, pas plus qu'à l'eau, au feu, à toutes les autres choses qui sont régies par une nature ou une vie irraisonnable. Nombreux sont les barrages et les obstacles qui les retiennent. Mais l'esprit et la raison peuvent traverser tout ce qui les arrête, selon leur aptitude naturelle et à leur fantaisie. Ne perds pas des yeux cette faculté, grâce à laquelle la raison traversera tous les corps aussi naturellement que le feu s'élève, que la pierre tombe, que le rouleau dévale sur un plan incliné ; et ne réclame rien de plus. Tous les autres obstacles ne sont que pour le corps, ce cadavre, ou bien (à moins que l'homme ne se crée cette illusion et que la raison elle-même ne capitule) ils ne le blessent pas, ils ne lui font pas le moindre mal ; sans quoi, celui qui les subirait s'en trouverait plus mal aussitôt. En effet, quand il s'agit de tous les êtres différemment constitués, il ne peut leur arriver aucun mal sans que celui qui le subit ne s'en trouve lui-même plus mal. Dans le cas présent, au contraire, puisqu'il faut le dire, l'homme devient d'autant plus estimable et plus digne de louanges qu'il sait tirer heureusement parti des obstacles. Bref, souviens-toi que, pour un citoyen-né, rien ne lui nuit de ce qui ne nuit pas à la loi. Or, de ces prétendus malheurs, aucun ne nuit à la loi. Donc ce qui ne nuit pas à la loi ne nuit ni à la cité, ni au citoyen.

34   À l'homme sur qui ont mordu les vrais principes, il suffit d'un mot, et du plus banal, pour le faire souvenir d'être sans chagrin et sans crainte.

Par exemple :

« *Les feuilles, le vent en jonche la terre...*
Ainsi des générations humaines[90]... »

---

90. Homère, *Iliade*, VI, 147-149.

Feuilles, tes enfants ! Feuilles, ces êtres qui t'acclament d'un air convaincu et te glorifient ou qui, au contraire, te maudissent, à moins que, sans bruit, ils ne te censurent et ne te brocardent ! Feuilles pareillement, ceux qui transmettront ta renommée posthume. Tout cela

« ... *apparaît au renouveau* [91] » ;

puis le vent l'abat, puis de nouvelles frondaisons poussent à la place des précédentes. Le peu de durée, c'est ce qu'ont de commun toutes choses ; mais toi, tu les fuis et tu les poursuis toutes, comme si elles devaient être éternelles. Encore un peu et tu fermeras les yeux et celui qui t'aura porté en terre, un autre déjà le pleurera.

35 Un œil sain doit voir tout ce qui peut être vu et ne pas dire : « Je veux du vert », car c'est le fait d'un homme atteint d'ophtalmie. De même une ouïe, un odorat sains doivent être prêts à tout ce qui peut être entendu et senti. Un estomac sain doit l'être de même à tous les aliments, comme la meule à toutes les moutures auxquelles on l'a rendue propre. Donc une intelligence saine doit aussi être prête à tout événement. Mais celle qui dit : « Que mes enfants aient la vie sauve ! » et « Que chacun me loue, quoi que je fasse ! », c'est l'œil qui réclame du vert ou les dents, du tendre.

36 Personne n'est assez chéri du destin pour n'être pas entouré à sa dernière heure de gens qui saluent avec joie le triste événement. Il était consciencieux et sage. Au dernier moment, il se trouvera quelqu'un pour dire à part soi : « Ce pédant va donc nous laisser respirer. Sans doute il ne fut bien gênant pour aucun de nous ; mais je sentais qu'en silence il nous condamnait. » Voilà ce qu'on dira du consciencieux. Et combien y a-t-il en nous d'autres raisons pour que nombreux soient ceux qui souhaitent se voir débarrassés de nous ? Tu

---

91. Homère, *Iliade*, VI, 147-149.

y penseras en mourant et ton départ sera facilité grâce à ces réflexions : « Voilà la vie que je quitte, alors même que mes associés, qui m'ont coûté tant de luttes, de prières, de soucis, sont les premiers à désirer m'expédier, parce qu'ils en escomptent quelque éventuelle commodité. » Peut-on tenir encore, dans ces conditions, à prolonger son séjour ici-bas ? Cependant ne pars pas avec des sentiments moins bienveillants pour eux ; mais, restant fidèle à ton caractère, conserve-leur ton amitié, ta bienveillance, ton aménité. Et ne laisse pas croire non plus qu'on t'arrache d'eux ; mais, comme chez l'homme qui s'en va d'une mort douce l'âme se dégage du corps avec aisance, de même faut-il te retirer d'au milieu d'eux, car c'est à eux que la nature t'a lié et intimement mêlé. – Mais aujourd'hui elle m'en détache ! – Je m'en laisse donc détacher, comme on quitte des parents, sans résister toutefois, mais libre de contrainte, car c'est encore là une des choses conformes à la nature.

37 Prends l'habitude, à toute action, si possible, que tu vois faire à quelqu'un, de te demander en toi-même : « Cet homme, à quel but rapporte-t-il cette action ? » Commence par toi-même et sois le premier que tu examines.

38 Souviens-toi que ce qui nous agite comme des pantins, c'est cette force qui est cachée au-dedans de nous ; c'est cela qui est, † l'autorité maîtresse, cela qui est la vie, cela (puisqu'il faut le dire) qui est l'homme. Que ton imagination ne confonde jamais avec cette force le réceptacle qui l'enveloppe et ces organes qu'on a modelés autour de toi. Ceux-ci sont pareils à des objets mobiliers, avec cette unique différence qu'ils tiennent à nous de naissance. Et en effet ces parties de nous-mêmes ne nous servent pas plus, sans la cause qui les met en branle et les ramène au repos, que la navette à la tisseuse, la plume à l'écrivain, le fouet au cocher.

LIVRE XI

1 Les caractères propres de l'âme raisonnable. Elle se voit elle-
même, elle s'analyse elle-même, elle se façonne elle-même
à son idée. Le fruit qu'elle produit, elle-même les récolte,
alors que les fruits des plantes et ce qui y correspond chez
les animaux, d'autres les récoltent. Elle atteint sa fin propre,
que tôt ou tard survienne le terme de la vie. Il n'en va pas
de même de la danse, du jeu des acteurs et des autres choses
semblables, où toute action reste interrompue, si quelque détail vient à manquer. Pour l'âme, dans chaque cas particulier
et à quelque moment qu'on la surprenne, elle rend achevé
et sans lacune ce qu'elle s'est proposé et elle peut dire : Je
possède, moi, tout ce qui est mien. Ce n'est pas tout : elle
parcourt le monde entier et l'espace vide qui l'environne,
elle en explore la forme, elle plonge dans l'infini du temps,
elle embrasse la renaissance périodique de l'univers. Elle fait
le tour des choses, elle se rend compte que nos cheveux ne
verront rien de nouveau, comme nos prédécesseurs n'ont
rien vu de plus que nous, mais que, en quelque sorte, le
quadragénaire, pour peu qu'il ait du sens, a vu tout le passé
et tout l'avenir dans l'identité du présent.
Ce qui est propre encore à l'âme raisonnable, c'est l'amour de
ses semblables ainsi que la vérité et la pudeur et de s'estimer plus
haut que tout, ce qui est aussi le propre de la loi. Ainsi donc,
point de différence entre la droite raison et la raison de la justice.

2 Tu peux parvenir à faire fi d'un chant ravissant, de la danse, du pancrace[92]. S'il s'agit d'un air mélodieux, il suffit de le décomposer en ses notes et, à chacune, de te demander si tu ne saurais y résister. Tu n'oserais le reconnaître. Pour la danse, use d'une méthode analogue devant chaque mouvement ou figure, et de même pour le pancrace. Bref, sauf pour la vertu et ce qui se rattache à la vertu, n'oublie pas de pénétrer à fond dans le détail des choses afin d'arriver, par cette analyse, à les mépriser. Applique le même procédé à toute la vie.

3 Qu'elle est belle, l'âme qui se tient prête, s'il lui faut sur l'heure se délier du corps pour s'éteindre ou se disperser ou survivre ! Mais cet état de préparation, qu'il provienne d'un jugement personnel, non d'un simple esprit d'opposition, comme chez les Chrétiens. Qu'il soit raisonné, grave et, si tu veux qu'on te croie sincère, sans pose théâtrale !

4 Ai-je accompli quelque chose d'utile à la communauté ? J'en ai donc profité. Que cette vérité demeure toujours bien à ta portée, afin qu'elle frappe tes yeux sans cesse, et ne la perds jamais de vue.

5 De quoi fais-tu profession ? D'être un homme de bien. Comment y réussir, sinon grâce aux vérités théoriques, dont les unes traitent de la nature universelle, les autres, de la constitution propre de l'homme ?

6 D'abord furent représentées les tragédies, avec le dessein de rappeler les événements de la vie, qu'ils doivent arriver ainsi naturellement et qu'il faut, puisque leur représentation vous charme à la scène, ne pas vous plaindre, quand ils se réalisent sur une scène plus vaste. Elles font voir, en effet, que c'est ainsi qu'ils doivent nécessairement s'accomplir,

---

92. Le pancrace comprenait à la fois la lutte et le pugilat. D'origine grecque, il devint très à la mode après Caligula.

et que ceux-là même les supportent qui s'écrient « *Oh !
Cithéron*[93] ! »

En outre, les auteurs tragiques donnent d'utiles leçons, par
exemple, entre tous, le fameux passage : Si les Dieux m'ont
abandonnée avec mes deux enfants, cela même a sa raison.
et encore :

Ne pas se fâcher contre les événements.

et :

Moissonner la vie, comme un épi gonflé de grain[94].

et que d'autres choses semblables !

Après la tragédie parut la comédie ancienne[95]. La liberté
de langage qu'elle possédait visait à instruire et, grâce à
cette franchise même, elle n'était pas sans utilité pour nous
rappeler à la modestie. C'est dans un dessein analogue que
Diogène[96] lui emprunta cette liberté.

Mais après elle la comédie moyenne, qui devint plus tard la
nouvelle comédie[97], quelle fin lui assigna-t-on, quand elle
fut peu à peu tombée à n'être plus qu'une habile peinture
de mœurs ? Prêtes-y bien attention. Qu'on trouve aussi chez
elle d'utiles paroles, on ne le méconnaît pas. Mais si l'on s'en
tient à leur dessein d'ensemble, ceux qui ont cultivé ce genre
de composition dramatique, quel but enfin visaient-ils ?

7 Avec quelle évidence se présente cette vérité, que tu ne saurais
trouver dans la vie de situation plus favorable pour te livrer
à la philosophie, que celle où tu te trouves présentement !

---

93. Œdipe, dans l'*Œdipe-roi* de Sophocle, v. 1391.

94. Vers d'Euripide, déjà cités : VII, 38, 40, 41.

95. La comédie ancienne, qui s'étend jusque vers 400 av. J.-C., était
surtout une satire personnelle et politique. Son meilleur représentant
est Aristophane.

96. Diogène est le célèbre cynique qui vivait dans un tonneau.

97. La comédie moyenne participe à la fois de la comédie ancienne
et de la comédie nouvelle. Celle-ci s'attachait surtout à peindre les
caractères. Son meilleur représentant est Ménandre (340-292 av. J.-C.).

8 Il est impossible de détacher un rameau de son voisin sans le détacher à la fois de l'arbre entier. De même un homme séparé d'un seul homme est exclu de toute la communauté. Le rameau, quelqu'un le détache de l'arbre ; mais l'homme, c'est lui-même qui se sépare de son prochain, quand il le prend en haine et en aversion, et il ne voit pas cette conséquence, qu'il s'est amputé en même temps de tout le corps social. Cependant, voici un beau privilège que nous devons à celui qui a organisé cette communauté, à Zeus : c'est qu'il nous est loisible de nous rattacher à notre voisin et de rentrer à nouveau comme partie intégrante dans l'ensemble. Si pourtant une telle séparation se répète plusieurs fois, il devient bien malaisé au membre séditieux de se réunir aux autres et de reprendre sa place. En somme, on ne peut comparer le rameau qui a toujours continué de croître et de respirer avec l'arbre au rameau qu'on regreffe après l'avoir détaché, quoi que puissent dire les jardiniers. – Croître sur le même tronc, mais non professer les mêmes principes.

9 Ceux qui te barrent le chemin où tu progresses selon la droite raison ne sauraient te détourner de la pratique du bien : qu'ils ne réussissent pas davantage à te faire perdre ta douceur à leur égard ! Au contraire, veille sur ces deux points aussi jalousement : non seulement un jugement et une conduite imperturbables, mais encore la mansuétude envers ceux qui tenteraient de te créer des obstacles ou d'autres ennuis. Ce serait une preuve de faiblesse que de te fâcher contre eux, autant que de renoncer à ton action et de lâcher pied, parce que tu as peur. Il y a en effet deux sortes de déserteurs, et qui se valent : le lâche qui tremble et l'homme qui a renié celui dont la nature a fait son parent et son ami.

10 Aucune nature n'est inférieure à l'art, car les arts ne consistent qu'en l'imitation de la nature. S'il en est ainsi, la nature entre toutes la plus parfaite et la plus compréhensive ne saurait être dépassée en ingéniosité technique. Or tous les arts accomplissent les tâches inférieures en vue des plus relevées. Ainsi

fait donc, elle aussi, la nature universelle. Et voilà expliquée la genèse de la justice : c'est d'elle que procèdent toutes les autres vertus. En effet, on n'observera pas la justice, si l'on se dispute les choses indifférentes, si l'on est facile à duper, irréfléchi, inconstant.

11 Si les objets qui te troublent, soit que tu les poursuives ou que tu les fuies, ne viennent pas te trouver ; mais, si au contraire, en un sens, c'est toi qui vas au-devant d'eux, que ton jugement à leur égard se tienne tranquille : ils demeureront immobiles et l'on ne te verra ni les poursuivre, ni les fuir.

12 La sphère de l'âme reste semblable à elle-même, quand, sans s'élancer au-dehors ni se replier en dedans, sans se disperser ni s'affaisser, elle s'éclaire d'une lumière qui lui fait voir la vérité universelle et celle qui habite en elle-même.

13 Quelqu'un va me mépriser ? Ce sera son affaire ! La mienne, c'est qu'on ne me prenne jamais à rien faire ou dire qui mérite le mépris. Il va me haïr ? Ce sera son affaire ! Pour moi, je leur conserverai à tous en général ma bienveillance et ma bonté, et, quant à lui en particulier, je suis prêt à lui montrer sa méprise, non de manière à l'humilier, ni pour faire parade de ma constance, mais simplement, sincèrement, comme le grand Phocion[98], si tant est que son calme ne fût pas feint. C'est au fond du cœur qu'il faut être ainsi disposé, de manière à montrer aux Dieux un homme qui n'est porté à la révolte et ne récrimine à l'égard de rien. Où serait le mal pour toi, si, quant à toi, tu fais en ce moment ce qui convient à ta nature et si tu agrées ce qui est de saison en ce moment pour la nature universelle, en homme qui s'efforce de réaliser d'une manière ou d'une autre l'intérêt général ?

---

98. Phocion, né vers 402 av. J.-C., était un général athénien et un célèbre orateur. Sa parole était précise, simple et forte, ce qui faisait dire à Démosthène : « Voilà la hache de mes discours qui se lève. »

14 Se méprisant, ils se flagornent et, voulant passer les uns sur les autres, ils se cèdent le pas.

15 Quelle perversité, quelle fausseté de dire : J'ai décidé de jouer franc jeu avec toi. – Que fais-tu, mon pauvre ami ? On n'emploie pas de préambule ! Cela paraîtra sur l'heure ; cela doit être écrit sur ton visage ; immédiatement cela sonne dans ta voix ; immédiatement cela éclate dans tes yeux, comme la personne aimée connaît immédiatement à leurs regards ce qu'éprouvent ses amants. En définitive, l'homme droit et vertueux doit ressembler à celui dont les aisselles puent le bouc, en sorte que quiconque s'approche de lui sente ce qu'il est dès le premier abord, bon gré mal gré. Mais affectation de droiture, c'est un coutelas. Rien de plus odieux qu'une amitié de loup[99]. Evite ce vice entre tous. L'homme de bien, l'homme droit, l'homme bienveillant portent ces qualités dans leurs yeux et elles n'échappent pas.

16 Vivre toujours parfaitement heureux. Notre âme en trouve en elle-même le pouvoir, pourvu qu'elle demeure indifférente à l'égard des choses indifférentes. Elle leur demeurera indifférente, si elle considère chacune d'elles analytiquement et en bloc, si elle se souvient qu'aucune ne nous inspire d'opinion à son sujet ni ne vient nous solliciter, mais que les objets restent immobiles et que c'est nous qui nous formons nos jugements sur eux et les gravons, pour ainsi dire, en nous-mêmes ; que nous ne pouvons pas les y graver et même, s'ils s'y dissimulent en quelque coin, les effacer incontinent. Sache aussi que ces soins ne dureront guère et qu'ensuite tu auras cessé de vivre. Et pourquoi te serait-il pénible que ces choses soient ainsi ? Si elles sont conformes à la nature, accepte-les gaiement et qu'elles te soient aisées. Si c'est contraire à la

---

99. Proverbe et allusion à la fable d'Ésope où les loups se font livrer par les brebis les chiens qui les gardaient.

nature, recherche ce qui est conforme à ta nature et cours vers cette fin, fût-elle peu en faveur : l'indulgence est acquise à quiconque recherche son bien propre.

17   Quelle est l'origine de chaque chose ? De quels éléments chacune est-elle formée ? En quoi se transforme-t-elle et quelle sera-t-elle une fois transformée, sans d'ailleurs en souffrir aucun mal ?

18   Et premièrement, quel rapport m'unit à eux ? Nous sommes faits les uns pour les autres ; mais, à un point de vue différent, je suis fait pour être à leur tête, comme le bélier et le taureau, chacun de son troupeau. Remonte en outre au principe : si l'on rejette les atomes, c'est la nature qui dirige l'univers. Ce point admis, les êtres inférieurs sont créés en vue des plus nobles et ceux-ci les uns pour les autres.

Deuxièmement, comme ils se comportent à table, au lit, et caetera ; surtout quelles nécessités issues de leurs principes ils tiennent pour établies et alors même avec quelle superbe ils agissent !

Troisièmement, s'ils ont raison d'agir ainsi, il ne faut pas t'en fâcher ; s'ils n'ont pas raison, il est évident que c'est à leur insu et par ignorance. Toute âme se prive involontairement, tant de la vérité que d'en user avec toute chose suivant sa valeur. Ils s'indignent, en effet, de s'entendre traiter d'injustes, d'ingrats et de cupides et, en général, d'être crus capables d'un tort quelconque envers leur prochain.

Quatrièmement, toi aussi, tout le premier, tu commets bien des fautes et tu es ce qu'ils sont. Si tu t'abstiens de certaines fautes, tu n'en as pas moins un penchant qui t'y porte : seule, la couardise ou la passion de la gloriole ou quelque autre vice de cette sorte t'empêche d'en commettre de semblables.

Cinquièmement, si même ils commettent des fautes, tu ne le sais pas exactement, car bien des choses se font à dessein. En somme, il faudrait prendre maintes informations avant de se prononcer en parfaite connaissance sur une action d'autrui.

Sixièmement, lorsque tu t'indignes ou encore que tu t'affliges outre mesure, <songe que> la vie humaine n'a qu'une durée infinitésimale et qu'en un clin d'œil nous sommes tous étendus <sur le lit funèbre>.

Septièmement, ce ne sont pas leurs actions qui nous troublent, car elles sont dans leurs guides intérieurs ; ce sont nos opinions. Supprime donc et décide-toi à rejeter ce jugement, qu'on t'aurait fait une indignité, et voilà partie ta colère. Mais comment le rejeter ? En calculant que, <ce qu'on t'a fait>, tu n'as pas à en rougir. Et en effet, si l'acte dont on doit rougir n'était pas le seul mal, nécessairement tu commettrais, toi aussi, bien des fautes, tu serais un brigand, un homme capable de tout.

Huitièmement, la colère et la peine que nous éprouvons dans les cas de cette sorte excitent en nous de surcroît un trouble bien plus fâcheux que ne le sont en elles-mêmes les causes de notre chagrin.

Neuvièmement, la bienveillance est invincible, si elle est franche, sans sourire narquois, sans hypocrisie. Que peut bien te faire l'homme le plus violent, si tu persistes à lui témoigner de la bienveillance et si, à l'occasion, tu l'admonestes doucement, si tu l'instruis à loisir de son erreur dans l'instant même où il entreprend de te maltraiter ? « Non, mon enfant ! Nous sommes faits pour autre chose. Pour moi, tu ne risques pas de me faire mal ; c'est toi qui t'en fais toi-même, mon enfant ! » Et montre-lui délicatement et d'un point de vue général que c'est bien vrai, que les abeilles n'agissent pas comme lui ni tous les autres animaux faits pour vivre en troupes. Il faut encore agir sans ironie, sans humilier, mais affectueusement et d'un cœur exempt d'amertume. Et ne <va> pas <le sermonner> comme <ferait un maître> à l'école ni de manière à être admiré des assistants, mais adresse-toi à lui seul, même si vous vous trouvez en compagnie.

Souviens-toi de ces neuf préceptes capitaux, comme si tu les avais reçus en présents des Muses, et commence enfin à être un homme, tant que tu vis. Mais s'il faut te garder de te fâcher contre eux, n'évite pas moins de les flatter : l'un comme l'autre, ces excès sont contraires à la sociabilité et entraînent du dommage. Ne perds pas de vue non plus dans tes colères que ce n'est pas l'irritation qui est digne d'un homme, mais que la douceur et le sang-froid sont à la fois vertus plus humaines et plus mâles, et que celui qui en est pourvu montre plus de force, de nerfs et de viril courage que s'il s'indignait ou maugréait. Plus sa conduite se rapproche de l'impassibilité, plus elle se rapproche de la force. Mais, comme l'affliction trahit la faiblesse, de même aussi la colère : dans les deux cas on est blessé, on lâche pied.

S'il te plaît, accepte encore ce dixième conseil, comme un présent du Musagète[100] : ne pas admettre que les méchants commettent des fautes, c'est folie, c'est exiger l'impossible. Quant à leur permettre de se montrer tels qu'ils sont à l'égard des autres hommes, mais trouver bon qu'ils ne commettent pas de fautes à ton égard, c'est de la déraison, de la tyrannie.

19 Il y a, entre toutes, quatre perversions du guide intérieur dont il faut se garder constamment. Si tu les découvres en toi, défais-t'en et ajoute à chaque fois : Cette idée n'est pas nécessaire ; cette autre conduit au relâchement du lien social ; celle-ci, que tu vas exprimer, n'est pas de ton fonds. Or exprimer une idée qui n'est pas de ton fonds, considère que c'est une chose des plus absurdes. Et voici la quatrième perversion, dont tu te feras honte : c'est si ta conduite marque la défaite de la partie la plus divine de toi-même et sa soumission à la partie la plus vile, celle qui est sujette à mourir, je veux dire le corps avec ses grossières jouissances.

---

100. Apollon, chef du chœur des Muses.

20 Ton souffle et toutes les parcelles de feu qui te sont incor-
porées, bien qu'ils aient une tendance naturelle à s'élever,
se conforment cependant au plan général de l'univers et
se maintiennent à leur place dans le composé <dont tu
es formé>. De même, toutes les parties de terre et d'eau
qui sont en toi, bien qu'elles soient sollicitées à tomber,
se redressent et restent debout dans une attitude qui ne
leur est pas naturelle. Ainsi donc, il n'est pas jusqu'aux
éléments qui ne se subordonnent au tout. Quand une
place leur a été assignée, ils se font violence pour la garder,
jusqu'à ce que de là-haut soit donné au contraire le signal
de la dissolution. N'est-ce pas dès lors une indignité que,
seule, la partie intelligente de toi-même soit indocile et
proteste contre la place qu'on lui a fixée ? Pourtant on ne
lui impose aucune contrainte, on ne lui demande rien de
ce qui convient à sa nature. Mais elle ne peut s'y résigner,
elle s'élance à l'opposite. Ce mouvement qui la porte aux
actes d'injustice, d'intempérance, de colère, d'affliction,
de crainte, n'est rien autre chose qu'une défection à l'égard
de la nature. De même, quand ton guide déserte encore sa
place. La piété, et l'esprit religieux, voilà ce pour quoi il a
été constitué, non moins que pour la justice. Ces vertus-là,
en effet, ont forme de sociabilité et elles sont bien plus
relevées que les <simples> pratiques de justice.

21 L'homme qui n'assigne pas à sa vie un seul et même but ne
peut rester un et le même toute sa vie. Mais ce que je viens
de dire ne suffit pas, si je ne précise en outre quel doit être
ce but. Si tous les hommes sont loin de s'accorder sur tout
ce que, à tort ou à raison, le vulgaire regarde comme des
biens, ils s'entendent toutefois sur certaines sortes de biens,
qui sont leurs intérêts communs. De même, il faut toujours
se fixer comme fin le bien commun de la cité. L'homme
qui tend vers ce but toutes ses initiatives propres aura une
conduite toujours semblable à elle-même et, par ce moyen,
il sera toujours le même.

22 Le rat des montagnes et le rat d'habitation ; la frayeur du premier et sa fuite éperdue[101].

23 Socrate appelait les croyances populaires des *Lamies*, épouvantails pour les enfants[102].

24 Dans leurs fêtes, les Lacédémoniens disposaient des bancs à l'ombre pour les étrangers ; eux, ils s'asseyaient n'importe où.

25 Socrate disait au fils de Perdiccas[103] pour s'excuser de décliner son invitation : « Je ne veux pas me préparer une fin lamentable. » Entendez : « *Je ne veux pas, en échange de bons traitements, ne pouvoir rendre la pareille.* »

26 Dans les écrits des Éphésiens[104] se trouvait cette maxime : *Avoir sans cesse présent l'exemple d'un ancien qui ait pratiqué la vertu.*

27 Les Pythagoriciens <prescrivaient> de lever les yeux vers le ciel de bon matin afin de se rappeler ces êtres qui accomplissent éternellement leur tâche sans dévier de leur route ni varier leur discipline, leur pureté, leur nudité, car rien ne voile les astres.

28 Quels furent la conduite de Socrate le jour où il s'enveloppa d'une toison, parce que Xanthippe était sortie avec son vêtement, et le langage qu'il tint à ses amis, qui, pudiquement, se retiraient, le voyant ainsi accoutré.

29 Dans l'art de l'écriture comme de la lecture, tu ne peux passer maître avant d'avoir été élève. C'est beaucoup plus vrai dans la vie.

---

101. Allusion à la fable d'Ésope, reprise par Horace, *Sat.* II, 79-117.
102. Cf. Platon, *Criton* 46 c, *Phédon* 77 e, *Gorgias* 473 d, et Épictète, *Entretiens* II, I, 15-19. Les *Lamies* étaient des monstres mythologiques analogues à nos croquemitaines.
103. Archelaüs, qui cherchait à l'attirer à sa cour, en Macédoine.
104. Peut-être faut-il lire : « Dans les écrits des Épicuriens. »

30   « *Tu es esclave-né, tu n'as pas droit à la parole*[105]. »

31   « *Mon cœur s'est épanoui d'un bon rire*[106]. »

32   « *Ils condamneront la vertu en la poursuivant de paroles blessantes*[107]. »

33   « *Chercher une figue sur l'arbre en hiver, c'est folie ; de même réclamer son enfant, quand il a été ravi*[108]. »

34   « *Quand tu embrasses ton enfant, il faut*, disait Épictète, *ajouter en toi-même : Demain peut-être tu ne seras plus. – Sinistre présage que ces paroles ! – Il n'y a là rien de sinistre, mais l'indication d'un fait naturel. Autrement c'est un sinistre présage de dire qu'on moissonne les blés*[109] ? »

35   « *Raisin vert, raisin mûr, raisin sec. – Tout est changement, non pour ne plus être, mais pour devenir ce qui n'est pas encore*[110]. »

36   « *Il n'est pas de voleur du libre arbitre*[111]. » Le mot est d'Épictète.

37   « *Il faut*, dit-il, *trouver l'art de donner son assentiment* » et, dans la partie de son livre qui traite des initiatives : « *Il faut veiller à la faculté d'attention, afin qu'elles soient prises sous réserve ; qu'elles soient utiles à la communauté ; qu'elles tiennent compte de la valeur des choses ; s'abstenir absolument de rien rechercher ; ne témoigner d'aversion à rien de ce qui ne dépend pas de nous*[112]. »

38   « *Ce n'est pas une question quelconque*, dit-il[113], *qui se débat, mais celle-ci :* "*Serons-nous fous, ou non ?*" »

---

105. Fragment d'un poète tragique.
106. Homère, *Odyssée*, X, 413.
107. Hésiode, *Les Travaux et les Jours*, v. 186.
108. Épictète, *Entretiens*, III, 24, 86-87.
109. Épictète, *Entretiens*, III, 24, 88-89.
110. Épictète, *Entretiens*, III, 24, 91-92.
111. Épictète, *Entretiens*, III, 22, 105.
112. Fragment d'Épictète.
113. Fragment d'Épictète.

39 Socrate disait : « *Que désirez-vous ? Avoir des âmes d'êtres raisonnables ou d'être privés de raison ? – De raisonnables. – Desquels êtres raisonnables ? De ceux qui sont sains ou de ceux qui sont pervers ? – De ceux qui sont sains. – Pourquoi donc n'en cherchez-vous pas ? – Parce que nous en avons. – Pourquoi donc vous battez-vous et vous disputez-vous <avec elles>* [114] *?* »

---

114. Citation qui provient sans doute d'Épictète.

LIVRE XII

1 Tous ces biens que tu souhaites d'atteindre par un détour, tu peux les posséder sur-le-champ, si tu ne te veux pas de mal. Je veux dire : si tu laisses de côté tout le passé, si tu te reposes pour l'avenir sur la providence et si, te bornant au présent, tu le règles sur la piété et la justice ; sur la piété, afin de chérir ton lot, car c'est à toi que la nature le destinait, comme elle te destinait à lui ; sur la justice, afin que, librement et sans ambages, tu dises la vérité et agisses selon la loi et les valeurs en jeu. Ne te laisse pas entraver par la méchanceté, l'opinion ou la parole d'autrui, ni par les sensations de cette pauvre chair épaissie autour de toi : ce sera l'affaire de la partie affectée. Si donc, quand tu seras un jour ou l'autre sur ton départ, tu dis adieu à tout le reste pour ne plus faire cas que de ton guide intérieur et de ce qu'il y a de divin en toi ; si tu crains non de cesser de vivre, mais de ne jamais commencer à vivre selon la nature, tu seras un homme digne du monde qui t'a engendré, tu cesseras d'être un étranger dans ta patrie, de t'étonner des accidents quotidiens, comme s'ils étaient inattendus, et de dépendre de ceci ou de cela.

2 Dieu voit toutes les âmes dépouillées de leurs enveloppes matérielles et de l'épaisse couche d'impuretés qui les recouvre, car, n'étant lui-même qu'intelligence, par là il n'a de contact qu'avec celles qui sont émanées et comme dérivées de lui-même en ces âmes. Si, toi aussi, tu t'accoutumes à faire de

même, tu te délivreras de ces mille choses qui te tracassent. Celui qui n'a pas égard au paquet de chairs qui l'enveloppent perdra-t-il son temps à considérer vêtements, demeure, gloriole, tout l'attirail et la mise en scène de cette sorte ?

3 Il y a trois éléments dont tu es composé : le corps, le souffle, l'intelligence. Les deux premiers sont à toi, en tant qu'il te faut en prendre soin ; le troisième, seul, est proprement tien. Si donc tu bannis de toi-même, c'est-à-dire de ta pensée, tout ce que les autres font ou disent, tout ce que de ton côté tu as fait ou dit, tout ce qui, en tant qu'à venir, te tourmente ou qui, appartenant au corps qui t'entoure ou au souffle qui fait un avec toi, échappe à ton libre arbitre et t'est annexé, et tout ce qu'entraîne en son circuit le tourbillon extérieur ; si tu veux que, délivrée des conditions inhérentes à son sort, ta faculté intelligente, demeurée pure et libre de liens, vive repliée sur elle-même, pratiquant la justice, acceptant les événements et professant la vérité ; si tu bannis, dis-je, de ton guide intérieur tout ce qui dépend de la passion, puis, du temps, tout ce qui reste à venir ou est déjà écoulé ; si tu fais de toi, comme d'Empédocle,
Une sphère parfaite, fière de sa rondeur bien équilibrée[115] ; si tu t'appliques à vivre seulement le moment que tu vis, je veux dire le présent, tu pourras passer le temps qu'on te laisse jusqu'à la mort avec calme, bienveillance et reconnaissance envers ton bon Génie.

4 Maintes fois je me suis demandé avec étonnement : Comment se fait-il que chacun, quoiqu'il se préfère à tous les autres, fasse moins de cas de sa propre opinion sur lui-même que de l'opinion d'autrui à son endroit ? En tout cas, si un Dieu apparaissant à l'un de nous, ou encore si un sage précepteur l'invitait à n'imaginer, à ne penser rien en dedans de lui sans

---

115. Cf. VIII, 41.

l'exprimer aussitôt à très haute voix, il ne supporterait pas un seul jour cette sujétion. C'est donc que nous appréhendons plus ce que les voisins pensent de nous que ce que nous en pensons nous-mêmes.

5   Comment se fait-il donc que les Dieux, ayant tout réglé avec sagesse et bonté pour l'homme, aient négligé de voir cet unique détail : Un certain nombre d'hommes d'une vertu éprouvée, après avoir fait avec la Divinité, comment dire ? tant de pactes d'alliance, après être restés longtemps les familiers de la Divinité grâce à leur conduite pieuse et au culte qu'ils lui rendaient, ces hommes, une fois morts, ne reviennent plus à la vie, mais sont complètement éteints. S'il en est ainsi, sache bien que, si les choses avaient pu se passer autrement, les Dieux y auraient pourvu. Ce qui eût été juste eût été aussi possible ; ce qui eût été conforme à la nature, la nature l'eût bien amené à se réaliser. De ce qu'il n'en est pas ainsi, – si toutefois il n'en est pas ainsi, – sois-en bien persuadé, c'est qu'il fallait qu'il n'en fût pas ainsi. Tu vois bien, pour ta part, qu'en posant cette sotte question, tu chicanes la Divinité. Or nous ne discuterions pas ainsi avec les Dieux, s'ils n'étaient très bons et très justes. Ceci admis, ils n'ont pu, par une négligence contraire à la justice et à la raison, oublier de rien voir, quand ils ont ordonné le monde.

6   Habitue-toi à tout ce qui te rebute. C'est ainsi que la main gauche, paresseuse pour tout le reste faute d'habitude, tient les rênes plus fortement que la droite : c'est qu'elle s'y est habituée.

7   En quelles dispositions il faut être, de corps et d'âme, quand la mort te surprendra ; la brièveté de la vie, l'infini du temps devant et derrière toi ; l'infirmité de toute matière.

8   Considère les causes formelles dépouillées de leurs gangues, à quel but se rapportent les actions, ce que sont la douleur, le plaisir, la mort, la gloire ; si l'homme n'est pas l'auteur

de son propre tourment ; comment personne n'est entravé par autrui ; que tout n'est qu'opinion.

9 Il faut, dans l'emploi des principes, ressembler au pugiliste, non au gladiateur. Celui-ci n'a qu'à lâcher l'épée dont il se sert et il est tué ; l'autre dispose toujours de sa main ; il lui suffit de serrer le poing.

10 Voir ce que sont les choses en elles-mêmes, les analysant en leur matière, en leur cause, en leur rapport de finalité.

11 Quel admirable pouvoir possède l'homme de ne rien faire que ce dont Dieu doit le louer et de bien accueillir tout ce que Dieu lui donne en partage !

12 Pour ce qui tient à la nature, il ne faut s'en prendre ni aux Dieux, car ils ne commettent jamais d'erreur, volontaire ou involontaire, – ni aux hommes, car, quand ils se trompent, c'est toujours involontairement. Donc ne s'en prendre à personne !

13 Qu'il est ridicule et étrange l'homme qui s'étonne de quoi que ce soit qui arrive dans la vie.

14 Ou fatalité du destin et ordre inflexible, ou providence accessible à la pitié, ou chaos livré au hasard sans direction. Si donc règne une fatalité inflexible, pourquoi essaies-tu de résister ? Si c'est une providence qui se laisse toucher, rends-toi digne de l'assistance divine. Si c'est un chaos sans direction, estime-toi heureux, au milieu d'un tel tourbillon, de posséder, toi, en toi-même une intelligence capable de te guider. Si le tourbillon t'emporte, qu'il emporte ton corps, ton souffle, tout le reste ! Ton intelligence, il ne l'emportera pas.

15 Quand la flamme de la lampe continue de briller jusqu'à extinction sans rien perdre de son éclat, la sincérité, la justice, la tempérance qui sont en toi vont-elles s'éteindre avant l'heure ?

16 Lorsqu'un homme te donne l'impression qu'il a commis une faute, dis-toi : « Qu'en sais-je, si c'est une faute ? » et,

si faute il y a : « Il s'est condamné lui-même ». Ainsi, c'est comme s'il déchirait son propre visage.

Celui qui n'admet pas que le méchant commette de fautes ressemble à qui n'admettrait pas que le figuier produise son suc dans les figues, que les marmots piaillent, que le cheval hennisse, et toutes autres nécessités de cet ordre. Que devenir, quand on est affligé d'une telle humeur ? Si tu piaffes ainsi d'impatience, guéris cette humeur.

17 Si ce n'est pas convenable, ne le fais pas ; si ce n'est pas vrai, ne le dis pas : Que l'initiative t'appartienne !

18 Voir en toutes circonstances quel est en lui-même cet objet qui produit en toi cette idée et chercher à te l'expliquer, l'analysant en sa cause, en sa matière, en sa fin, en la durée à l'expiration de laquelle il aura nécessairement cessé d'exister.

19 Connais enfin que tu possèdes en toi-même quelque chose de plus noble et de plus divin que les objets qui provoquent en toi les passions et t'agitent, en un mot, comme une marionnette. Qu'est en ce moment ma pensée ? N'est-elle pas crainte ou soupçon ou convoitise ou quelque autre passion analogue ?

20 D'abord ne rien faire à l'étourdie, ni sans le rapporter à quelque chose. Deuxièmement, ne ramener ses actions à rien d'autre que la fin sociale.

21 Que dans peu de temps tu ne seras plus rien, nulle part ; que tu ne feras plus partie des objets actuellement sous tes yeux ni des êtres actuellement vivants. Toutes choses sont naturellement faites pour changer, s'altérer, périr, afin d'en produire d'autres qui leur succèdent.

22 Que tout n'est qu'opinion et que l'opinion dépend de toi. Supprime donc, quand tu voudras, ton opinion et, comme un navire qui a doublé le cap, tu trouveras aussitôt beau temps, tous les éléments calmés et une rade à l'abri des vagues.

23 Une opération particulière quelconque, qui cesse au bon moment, n'éprouve aucun dommage du fait d'avoir pris fin et l'auteur de cette action n'éprouve non plus aucun dommage du fait qu'elle a pris fin. De même donc la série de toutes les actions qui constituent la vie, si elle prend fin au bon moment, n'éprouve aucun dommage du fait d'avoir pris fin, et pas davantage celui qui a mis fin au bon moment à cette chaîne d'actions ne s'en trouve mal en point. Quant au bon moment et au terme, c'est la nature qui les fixe, tantôt la nature individuelle, dans le cas de vieillesse, et de toute façon la nature universelle, dont les parties se transforment de telle sorte que le monde dans son ensemble est toujours jeune et dans son plein épanouissement. Or ce qui est avantageux pour l'ensemble est toujours beau et de saison. Donc la cessation de la vie pour l'individu n'est pas un mal, car il n'a pas à en rougir, puisqu'elle échappe à son libre arbitre et ne nuit pas à la communauté. C'est au contraire un bien, puisque elle est opportune pour l'ensemble, qu'elle comporte pour lui un avantage et qu'elle est emportée dans le mouvement général. Ainsi, il est porté par le souffle de Dieu, l'homme qui se porte par la même voie que Dieu et aux mêmes fins que lui en vertu d'un jugement réfléchi.

24 Ne perds pas de vue ces trois points : en ce qui concerne tes actions, qu'elles ne soient pas menées à l'étourdie ni autrement que la Justice elle-même ne les eût accomplies. Pour les accidents qui surviennent du dehors, ils sont dus soit au hasard, soit à une providence : or il ne faut ni blâmer le hasard ni accuser la providence. Deuxièmement, ce que devient l'individu depuis sa conception jusqu'à ce que le souffle l'anime et depuis lors jusqu'au moment où il doit le rendre ; et quels éléments le composent, en quels éléments il sera dissous. Troisièmement, suppose que tu sois tout à coup élevé dans les airs et que tu contemples de là-haut ce que font les hommes, leur agitation en tous sens ; comme tu les mépriserais, quand tu verrais du même coup d'œil

l'immense espace environnant, domaine des habitants de l'air et de l'éther ! Et chaque fois que tu serais ainsi élevé, tu verrais les mêmes scènes, leur identité d'aspect, leur peu de durée. Et c'est là un sujet d'orgueil !

25 Boute dehors l'opinion, tu es sauvé. Qui donc t'empêche de la bouter dehors ?

26 Quand tu te fâches de quelque chose, tu oublies que tout est produit conformément à la nature universelle ; que la faute commise t'est étrangère ; et en outre que tout ce qui arrive est toujours arrivé ainsi, arrivera encore et arrive partout en ce moment ; quelle étroite parenté unit l'homme à tout le genre humain, parenté qui n'est pas celle du sang ou du germe, mais participation à la raison ; tu oublies encore ceci, que l'intelligence de chacun de nous est un Dieu et émane de là-bas ; que personne ne possède rien en propre, mais que son enfant, son corps, son souffle lui-même lui sont venus de là-bas ; que tout n'est qu'opinion ; que chacun ne vit que le moment présent et qu'il n'en perd point d'autres.

27 Passe constamment en revue ceux qu'une cause ou l'autre jetait hors de leurs gonds, ceux qui ont atteint le faîte des honneurs, du malheur, de la haine ou des fortunes les plus diverses, puis réfléchis : Que reste-t-il de tout cela ? Fumée, cendre, légende, ou pas même une légende ! Représente-toi aussi tous les cas analogues, soit Fabius Catullinus[116], à sa campagne, Lusius Lupus en ses jardins, Stertinius à Baïes, Tibère à Caprée, Velius Rufus et, en général, <tous ceux qui eurent> l'ambition de se distinguer en quoi que ce soit, jointe à une haute opinion d'eux-mêmes ; combien étaient mesquins les objets de tous ces efforts ; combien il est plus digne d'un sage, quand une matière lui est donnée, de se

---

116. Fabius Catullinus fut consul sous Hadrien. Les autres noms sont altérés ou inconnus.

montrer juste, tempérant, docile aux Dieux, simplement, car des bouffées d'orgueil sous un masque de modestie, il n'est rien de plus insupportable.

28 À ceux qui demandent encore : « Où as-tu vu les Dieux, à quoi constates-tu leur existence, que tu les honores ? » – D'abord ils sont visibles à nos yeux. Ensuite, n'est-ce pas, je n'ai pas vu davantage mon âme et tout de même je la respecte. De même pour les Dieux. Par les marques de leur puissance qu'ils me font éprouver en toute circonstance, je constate qu'ils existent, et je les révère.

29 Le salut de la vie, c'est de voir à fond ce qu'est en lui-même chaque objet, quelle en est la matière, quelle en est la cause formelle. De toute son âme, pratiquer la justice, dire la vérité. Que restera-t-il à faire qu'à profiter de la vie pour en former une chaîne de biens, sans laisser entre eux le moindre intervalle ?

30 Une est la lumière du soleil, bien qu'elle se laisse diviser par des murs, des montagnes, une infinité d'autres écrans ; une est la matière universelle, bien qu'elle se divise en une infinité de corps individuels ; un est le souffle vital, bien qu'il se divise en une infinité de natures ayant chacune leurs limites respectives ; une est l'âme intelligente, bien qu'elle paraisse se partager. Or les autres êtres parcellaires susdits, les souffles par exemple et les objets sensibles, s'ignorent et demeurent étrangers entre eux. Toutefois, même ces êtres-là sont maintenus ensemble par la force qui les unit et l'attraction du centre de gravité. L'intelligence au contraire, par un privilège singulier, tend à rejoindre son semblable, elle essaie de s'y réunir et son besoin de société ne connaît pas d'obstacles.

31 Que recherches-tu encore ? De prolonger ta vie ? Mais serait-ce pour sentir, te porter à l'action, † croître, cesser ensuite, user de la parole, penser ? Que trouves-tu en tout cela qui vaille d'être envié ? Si chacune de ces facultés te

semble digne d'un parfait mépris, applique-toi en fin de compte à suivre la raison et Dieu. Mais tu ne saurais sans contradiction conserver ton estime au reste, ni souffrir à la pensée que la mort va t'en priver.

32 Quelle minuscule part du temps infini, insondable, a été départie à chacun, puisque dans un instant elle va s'évanouir dans le néant ! Quelle minuscule part de la substance universelle ! Quelle minuscule part de la vie universelle ! Quelle minuscule motte de terre que celle où tu rampes, dans la terre universelle ! Réfléchissant à tout cela, n'accorde un grand prix qu'à l'action conforme aux directions de ta nature et aux sentiments conformes au mouvement général de la nature.

33 Comment se comporte ton guide intérieur ? Tout est là. Le reste[117] [ou appartient ou] échappe à ton libre arbitre ; ce n'est que cadavre ou fumée.

34 Ce qui incite le plus à faire fi de la mort, c'est, que ceux-là mêmes, au jugement de qui le plaisir est un bien et la douleur un mal, ont néanmoins fait fi de la mort.

35 L'homme qui n'estime comme bon que ce qui arrive à son heure, à qui il est égal d'accomplir un plus ou moins grand nombre d'actions conformes à la droite raison[118], et qui n'a cure de contempler le spectacle du monde plus ou moins longtemps, cet homme-là ne craint rien, même la mort.

36 Mon ami, tu étais un citoyen de cette grande cité. Que t'importe de l'avoir été cinq ans <ou trois> ? Ce qui est réglé par les lois est équitable pour tous. Que trouves-tu d'exorbitant à être renvoyé de la cité, non par un tyran ou

---

117. Le reste de ce qui compose l'homme, c'est le corps et le souffle vital.

118. Pour les stoïciens en effet, une seule « action droite » suffit pour donner la perfection. Qui possède une vertu possède toutes les autres. Bien plus, la sagesse, une fois acquise, est inamissible.

un juge inique, mais par la nature qui t'y a fait entrer ? C'est comme si le préteur qui l'a engagé congédiait de la scène un comédien. « Mais je n'ai pas joué les cinq actes ! Trois seulement ! – Fort bien ! Dans la vie, trois actes font une pièce achevée ? » Quant au terme, il est fixé par celui qui assume la responsabilité, naguère d'avoir assemblé ton être et maintenant de le dissoudre ? Pour toi, tu es irresponsable dans l'un et l'autre cas. Pars donc de bonne grâce pour répondre à la bonne grâce de qui te libère.

TABLE DES MATIÈRES

Ce volume,
publié aux Éditions Les Belles Lettres,
a été achevé d'imprimer
en octobre 2019
sur les presses
de l'imprimerie SEPEC
01960 Péronnas

5ᵉ tirage

Dépôt légal : octobre 2019
N° d'édition : 9455
N° d'impression : 05425191001
Imprimé en France